동물실험

무엇이 문제일까?

동물 실험, 무엇이 문제일까?

초판 4쇄 발행   2024년 5월 21일

글쓴이   전채은, 한진수

편집   이순아
디자인   성영신

펴낸이   이경민
펴낸곳   ㈜동아엠앤비
출판등록   2014년 3월 28일(제25100-2014-000025호)
주소   (03737) 서울특별시 마포구 월드컵북로22길, 21 2층
홈페이지   www.dongamnb.com
전화   (편집) 02-392-6901   (마케팅) 02-392-6900
팩스   02-392-6902
SNS   🅵 🅾 🆖
전자우편   damnb0401@naver.com

ISBN   979-11-6363-587-1(44300)
              979-11-87336-40-2 (세트)

10대가 꼭 읽어야 할
사회·과학교양 14

동물 실험

무엇이 문제일까?

동물 복지에서 실험 윤리까지,
인간과 동물의 공존 해법과 미래

전채은 · 한진수 지음

동아엠앤비

동아엠앤비

메이 사건을 통해 동물 실험을 돌아보다

2019년 언론에는 뼈밖에 남지 않은 한 마리 비글견의 영상이 공개되었다. 영상 속에서 그 비글은 밥그릇을 보자마자 허겁지겁 먹기 시작했는데 먹는 중간에 코에서 피가 쏟아지고 있었다. 그 비글의 이름은 '메이'. 2012년 10월 25일 서울대학교에서 유전자 복제를 통해 태어난 복제견이었다.

메이가 복제된 목적은 사역견 임무 때문이었다. 사역견 중 메이가 했던 일은 공항에서 여행객들이 불법으로 반입한 농축산물을 잡아내는 검역 탐지견의 역할이었다. 메이는 5년간 농림축산검역본부 인천공항지부에서 활약했다. 그런데 2018년 3월, 서울대에서 갑자기 메이를 데려가겠다고 했다고 한다. 이유는 '번식학 및 생리학적 정상성 분석' 실험 때문이었다. 검역 본부는 메이를 포함한 복제견 3마리를 서울대로 넘겨주었다고 한다. 그리고 8개월의 시간이 흐른 후 메이와 복제견들은 검역 본부로 돌아온 것이다. 그런데 메이의 상태는 특히 심각해 보였다. 영양결핍이 극심해 거의 아사 직전인 개처럼 갈비뼈가 다 드러난 상태였고 코피를 쏟기도 했다. 결국 메이는 사망하고 말았다.

메이의 죽음은 동물 실험에 관한 사회적 논란을 크게 일으켰다.[1] 동물 실험은 과연 필요한가? 만약 필요하다면 메이를 대상으로 한 실험은 왜 문제가 되는가? 메이의 상태는 상당 기간 학대를 받은 모습이 역력했다. 메이의 실험에 관해 "도대체 어떤 실험이었기에 그토록 잔인하게 동물을 대해야 했을까?"라는 의문이 제기되면서 결국 검찰 수사를 받게 되었다.

메이는 사역견이었다. 사역견은 국민의 생명과 재산, 건강을 지키기 위해 국가가 예산을 들여 훈련시키는 개다. 이런 이유에서 사역견을 비롯하여 경찰견, 군견 등은 은퇴하더라도 동물 실험에 이용되는 것은 법으로 금지하고 있다(동물보호법 제24조). 물론 예외는 있다. 동물보호법 시행규칙 제23조에 따르면 '해당 동물 또는 동물종의 상태, 습성 등에 관한 과학적 연구를 위하여 실험하는 경우'에는 '동물실험윤리위원회'의 승인을 득하면 실험할 수 있다. 메이에게 어떤 실험을 했는지는 아직 명확히 알려져 있지 않다. 그러나 '그렇게까지 잔인한 실험이 어떻게 합법적으로 이루어졌을까?'라는 의문이 생긴다.

---

1   2019. 4. 15일자 KBS 뉴스 및 2019. 5. 9일자 매일경제 〈서울대 '이병천 교수, 복제견 메이 승인 없이 실험'〉 기사 참조.

조사 결과, 메이의 실험은 기관내 동물실험윤리위원회의 승인을 일부 거치지 않았던 사실이 드러났다. 또한 메이는 복제견이었다. 동물을 복제하는 것이 과연 옳은가의 논쟁도 있다. 메이의 복제가 문제가 되는 것은 그 과정에서 많은 동물의 희생이 있었기 때문이다. 체세포의 핵을 이용해 복제 동물을 탄생시킨 것은 영국에서 1996년 7월 '돌리'라는 양이 처음이었다. 그런데 동물 복제 시도가 한 번에 성공하는 것은 아니다. 모든 세포의 핵에는 유전 정보가 있는데 성체 세포의 핵이 복제를 위한 세포에 제공될 때 불완전할 수 있기 때문이다. 돌리 역시 277번째 복제 배아 생산 시도 이후에 성공한 것이다. 이어서 기술 발전으로 송아지와 돼지, 개들이 복제되었다. 대부분의 포유류 복제는 핵이 제거된 난자에 체세포의 핵을 옮기는 과정을 거친다. 다시 말해 한 마리의 복제 동물을 위해 수많은 난자와 동물의 희생이 필요하다는 것을 의미한다.

문제가 된 사역견 메이는 공항에서 마약을 탐지하기 위해 이용되었다. 국내에 마약 탐지견을 비롯한 많은 사역견 수요가 있는 것은 사실이다. 그런데 이미 외국에는 잘 훈련된 사역견이 많다. 현실적으로 수입이 불가능한 것은 아니다. 무엇보다 사역견 복제는 수많은 식용견의 희생으로 이루어졌다. 과연 그렇게 많은 동물을 희생하면서까지 개를 복제해야 했을까? 그리고 '국가를 위해 이미 사역하던 메이를 또 다시 실험에 이용하는 것이 과연 옳은 일이었을까?'라는 논란도 있었다. 물론 그만한 가치가 있어야 한다.

메이 사건이 다시 생기지 않기 위해서 우리는 동물 실험의 문제를 다시 돌아볼 필요가 있다. 우리나라만의 문제가 아니라 이미 동물 실험은 전 세계적으로 오랫동안 사회적 논쟁이 되어 왔다. 현대의 동물 실험이 가진 근본적인 문제는 과학의 발전만큼 인간과 동물의 차이점도 적지 않은 것이 밝혀지고 있다. 인간과 동물이 근본적으로 다르기 때문에 '동물 실험의 결과가 과연 인간에게 적용될 수 있을까?'라는 원초적인 질문이 가능하다.

하지만 인간에게 직접 실험하는 것이 사실상 불가능한 시점에서 생체 반응을 관찰해야 하는 필요성 때문에 부득이한 동물 실험은 '필요악(必要惡)'이라는 평가를 받는다. 무엇보다 신약 개발을 위해 후보 물질들이 끊임없이 발굴되고 있으며, 이종 장기, 나노 과학, 인지 신경 과학 등 인간의 질병을 탐구하는 연구는 더욱 확대되고 있다. 또한 의학과 생명 과학 연구자가 되기를 희망하는 청소년에게는 동물 실험에 관한 올바른 이해가 필요하다. 동물을 불필요하게 희생시키지 않으면서도 과학이 발전할 수 있는 길은 가능할까? 우리 사회에 여전히 중요한 과제다.

차례

동물 실험의 역사

1장 동물 실험이란 ?

    동물 실험이란 과학 연구를 목적으로 살아있는 동물을 사용하여 수행하는 실험을 의미한다. 과학 연구란 자연계에 관한 체계적인 지식을 얻기 위한 학술 활동을 의미하는데, 이것은 어떤 가설을 설정하고 이를 검증하는 과정을 거친다. 동물 실험이란 그 가설을 검증하기 위해 실험 대상 동물에게 목적에 맞는 특별한 처치를 한 후 결과를 보는 것이라고 할 수 있다. 동물 실험은 주로 의학과 생명 과학 연구에 쓰이지만, 교육용 실습에도 사용되고, 물질의 독성 여부를 확인하기 위한 독성 테스트, 의약품 개발 등 다양한 분야에 쓰인다. 의학 연구에는 생식, 내분비, 영양, 노화, 종양, 미생물 연구 등이 있고, 검정이란 호르몬, 비타민, 마취제, 백신 효능과 안전성 검사, 약리 독성 시험을 의미한다. 진단이란 임신 진단용, 미생물 분리, 혈청학적 진단을 의미하며 이 밖에도 백신 개발 등에 쓰인다.

내분비란?

인간의 몸에서 호르몬을 분비하는 기관을 통칭해서 말하는데, 호르몬은 인체의 활동에 영향을 미치는 화학 물질로, 내분비는 몸 안의 여러 샘으로 구성되며 대표적으로 시상 하부, 갑상선 등이 이에 포함된다.

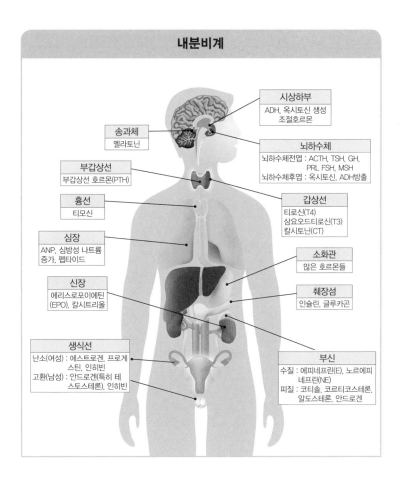

내분비계

시상하부
ADH, 옥시토신 생성
조절호르몬

송과체
멜라토닌

뇌하수체
뇌하수체전엽 : ACTH, TSH, GH,
PRL FSH, MSH
뇌하수체후엽 : 옥시토신, ADH방출

부갑상선
부갑상선 호르몬(PTH)

흉선
티모신

갑상선
티로신(T4)
삼요오드티로신(T3)
칼시토닌(CT)

심장
ANP, 심방성 나트륨
증가, 펩타이드

소화관
많은 호르몬들

신장
에리스로포이에틴
(EPO), 칼시트리올

췌장섬
인슐린, 글루카곤

생식선
난소(여성) : 에스트로겐, 프로게
스틴, 인히빈
고환(남성) : 안드로겐(특히 테
스토스테론), 인히빈

부신
수질 : 에피네프린(E), 노르에피
네프린(NE)
피질 : 코티솔, 코르티코스테론,
알도스테론, 안드로겐

내분비 호르몬의 종류와 주요 작용 및 결핍증

내분비선			호르몬	주요 작용	결핍증
뇌하수체	전엽		성장 호르몬(GH)	뼈, 근육, 내장 기관의 생장, 단백질 합성 촉진	왜소증
			갑상선 자극 호르몬 (TSH)	갑상선 요오드 흡수 촉진, 티록신 분비 촉진	갑상선의 기능 저하
			부신 피질 자극 호르몬 (ACSH)	부신 피질 호르몬의 분비 촉진	부신의 기능 저하
			여포 자극 호르몬(FSH)	생식 기관의 발달 촉진, 황체의 발달 촉진, 남성의 정자 형성 촉진	생식 기능 저하
			황체 형성 호르몬(LH)	생식 기관의 발달 촉진, 황체의 발달 촉진, 웅성 호르몬의 분비 촉진	생식기의 퇴화
			황체 자극 호르몬(LTH)	유즙 분비 촉진, 황체 호르몬의 분비 촉진	젖샘의 발육 부진
	후엽		옥시토신(Oxytocin)	자궁, 소화관 등의 민무늬근 수축	난산
			바소프레신 (Vasopressin)	말초 혈관을 수축시켜 세뇨관의 수분 재흡수 촉진	요붕증
갑상선			티록신(Thyroxine)	물질 대사 특히 이화 작용의 촉진	트레틴병, 점액 수종
부갑상선			파라토르몬 (Parathormone)	체액 중의 칼슘과 인의 대사 조절	테타니병
부신	피질		염류 코르티코이드 (Mineralo corticoid)	체액 내의 무기질 조절	애디슨병
			당 코르티코이드 (glucocorticoid)	혈당량의 증가	
			안드로겐(androgen)	남성 호르몬과 같은 작용	
	수질		아드레날린(adrenaline)	혈당량의 증가, 혈압 상승, 교감 신경과의 협조	지방, 당의 대사 이상
			노르아드레날린 (noradrenaline)		
췌장(랑케르한스섬)			인슐린	혈당량의 감소	당뇨병
			글루카곤	혈당량의 증가	
생식선	정소		테스토스테론 (testosterone)	남성의 2차 성징 발현	
	난소	여포	에스트로겐(estrogen)	여성의 2차 성징 발현, 배란 촉진	
		황체	프로게스테론 (progesterone)	배란 억제, 임신 지속, 유즙 분비 억제	유산

동물 실험이 필요한 이유는 무엇일까? 어떤 물질이든 사람의 생체 내에 들어오면 몸속에서 반응이 어떻게 나타날지 알 수 없다. 따라서 안전성이 검증되지 않은 채 인간에게 그 어떤 물질을 바로 쓸 수 없을 것이다. 결국, 인간의 몸에 직접 시험해 보기 어렵기 때문에 사람이 아닌 동물을 사용해 안전성을 테스트하는 것이 동물 실험이라고 할 수 있다. 그런데 이러한 이유 때문에 동물 실험은 계속해서 윤리적인 논란이 되어 왔다. 과학적 측면에서 보면 '인간과 동물의 몸이 다른데 동물의 신체를 통해 실험한 결과가 반드시 인간에게도 맞을 것인가?'라는 의문점 때문이다. 또한, 윤리적으로 '인간이 자신의 건강과 질병 치료를 위해 동물을 이용하는 것이 과연 옳은가?'라는 질문을 던질 수 있다. 동물은 오랜 기간 식용, 모피 등 인간에게 유용한 자원으로 쓰여 왔다. 그러나 자원으로 쓰인 동물은 인간에게 필요했기 때문이지 인간과 동등한 관계에서 이루어진 것이 아니다. 따라서 논란이 일고 있는 것은 동물 실험이 결국 동물이 인간에게 착취의 대상이 되는 불평등한 과정이라는 관점이다.

　여러 논란에도 불구하고 동물 실험은 연구, 검정, 진단, 제조, 교육을 포함한 모든 연구에서 사람에게 직접 적용하기 힘든 부분을 연구할 수 있는 유일한 수단이 되었다. 또한, 새로운 의약품이 인체 내에서 어떻게 대사되는지를 볼 수 있고 이에 따라 안전성에 관한 정보를 확보할 수 있다는 점에서 필요성은 더욱 부각되고 있다.

현재 실험에 쓰이는 동물은 다양하다. 짚신벌레, 예쁜 꼬마
선충, 초파리 등의 무척추동물도 있지만 제브라피시 같은 어류,
개구리 같은 양서류, 닭 같은 조류, 그리고 마우스, 랫드, 기니피
그, 토끼, 개, 돼지 등 온혈성 포유동물이 많이 쓰인다. 최근에는
질병의 원인과 치료, 예방을 위해 질환 모델을 생산하는 단계에
까지 이르렀다.

동물 실험에 쓰이는 여러 종류

제브라피시 : zebrafish. 1970년대
이후 실험동물로 사용되기 시작하여
최근에는 인간 유전체 연구에 많이 쓰
이고 있다. 제브라피시는 인간이 가진
기관을 거의 다 가지고 있고 돌연변이
연구에서 나타나는 특징이 인간의 유
전적 질환과 매우 유사하다. 생애 주기가 짧고 번식도 많이 하며 배아가 투명하
여 발생의 모든 과정을 관찰할 수 있다. 또한 초기 발생 과정 중 배아의 크기가
비슷하게 유지되는 특징이 있어 살아 있는 배아를 현미경을 사용하여 실시간으
로 장시간 관찰하기가 매우 용이하다.

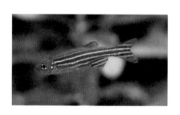

마우스 : 학명으로 Mus musculus라고 하며 17세기부터 비교 해부학 연구에 쓰였는데, 19세기 이후 작고 경제적으로 유리하며 번식이 잘되는 점 때문에 집중적으로 사육되어 현재 가장 많이 이용되는 실험동물이 되었다.  마우스는 사회성을 가지고 무리 생활을 하며 잡식성인 동물이다. 수명은 2년에서 3년이고, 번식기는 대략 7~18개월이며 평균 산자 수(한 번의 분만 시 출산하는 새끼의 수)는 6~10마리이다. 의학 연구와 안전성 평가 등 다양한 분야에 쓰이고 있다.

랫드 : 학명은 Rattus norvegicus로 일반적으로 생쥐(mouse)와 구분하여 시궁쥐(Norway rat)를 의미한다. 수명은 2.5년에서 3.5년이고 임신 기간은 20~22일이다.  새끼는 최대 11마리 정도 낳을 수 있다. 랫드는 약리 연구, 생화학 연구 등에도 많이 쓰이고 당뇨, 고혈압 등 치료제 개발을 위한 질환 모델로 많이 쓰인다. 일반 마우스는 크기가 약 25g 정도이지만 랫드는 250g 정도이다. 농림축산검역본부에서 조사한 2018년 통계에 따르면 마우스와 랫드 등 설치류가 전체 실험 중 84.1% 사용된 것으로 나타났다.

토끼 : 기존에는 화장품을 개발하는 단계에서 토끼의 안구에 약물을 집어넣는 드레이즈 테스트(Draize test, 독성학자 존 헨리 드레이즈(John Henry Draize)가 고안한 것으로 화장품이나 생활용품 등에 포함된 화학 물질이 사람들의 안구에 미

치는 자극성을 확인하기 위한 실험)에 많이 사용하였지만, 현재 전 세계적으로 화장품 개발을 위한 실험은 사라지는 추세. 국내에서도 2019년 식품의약품안전처가 국내에서 개발된 안자극 동물대체시험법을 승인함으로써 동물 사용은 불필요하게 되었다. 현재에는 항체 생산, 피부학, 생물학 등 다양한 방면의 연구가 토끼를 통해 이루어지고 있다.

실험용 개(비글) : 비글은 사회화 교육을 통해 온순하고 적절한 크기 때문에 사용되고 있는데 순환기, 소화기, 약리(생체에 들어간 약품이 일으키는 생리적인 변화), 대사 관련 시험 및 치과 치료제 개발 등에 사용되며, 약품, 식품 첨가물 등 독성 시험용으로 쓰이는 동물 모델이다. 비글은 1950년대부터 실험용으로 쓰이기 시작했는데, 성격이 온순하여 실험실에서 많이 쓰였고, 유전학적 자료도 가장 많이 확보

되어 있어 연구자들이 같은 종을 사용하는 것이 유리하게 되면서 모두 비글을 사용하게 되었다.

비글의 최대 장점은 종의 균일성이 뛰어나다는 점이다. 개체의 형질 차이가 적기 때문에 실험 재현성이 좋다. 몸집이 너무 크지도 작지도 않은 적절한 크기에 비교적 튼튼하면서 사람과 친화성이 높다는 것 또한 중요하다. 그리고 무리지어 사는 것을 좋아하므로 같은 공간 안에 몰아넣어 키울 수 있다. '특정' 사람에 관한 충성심이 거의 없어 주인이 꼭 아니더라도 실험을 진행하는 사람 자체에만 익숙해지면 실험 도중 연구원이 바뀌거나 실험이 중단되어 다른 곳으로 보내지더라도 딱히 거부감을 보이지 않고 적응하는 것도 동물 실험에 많이 이용되는 이유가 될 수 있다.

실험으로 희생되는 동물별 용도

쥐
암 연구
신진대사 질환
약물 효능 검사
유전자 연구

토끼
백신 개발
약물 효능 검사

소, 말
백신 획득과 개발
수의학 연구

돼지
이식 수술
골접합술
응급 수술
당뇨 연구
심혈관 질환
골다공증
수의학적 연구

개
심혈관 연구
심장 수술
골수 이식
골접합술
당뇨 연구
수의학적 연구

고양이
심장 수술
신경 생리학 연구
청력 개선을 위한 연구
수의학적 연구

ⓒ emedia

우주로 들어간 라이카

1957년 당시는 미국과 구 소련이 경쟁하던 시기였다. 우주과학에 관한 경쟁도 심했는데 당시 소련은 유기견이었던 라이카를 스푸트니크 2호에 실어 우주로 쏘아 올렸다. 미국이 1948년 뱅골 원숭이 알버트를 V-2 로켓에 실어 보냈지만 곧 죽었고, 1951년 '요릭'이라는 원숭이와 쥐 11마리를 보냈지만 우주 궤도까지 진입하지 못하고 있던 때였다. 구 소련 정부는 라이카가 우주선 안에서 6일 동안 생존했다고 밝혔으나, 2002년 실제로 5~7시간 안에 고열로 사망했다는 문서가 폭로되면서 많은 비난이 일기도 했다. 당시 기술력으로는 편도로 쏘는 것만 가능하고 지구로 귀환할 수 없었기 때문에 당초 예정대로라면 라이카는 발사 1주일 후에 자동으로 독약이 든 음식을 먹고 안락사될 예정이었으나, 발사 당시에 필연적으로 발생할 수 밖에 없었던 엄청난 소음과 진동, 그리고 고온, 고음, 고진동이 한꺼번에 작용하여 육체적으로 견딜 수 없었을 것이다. 라이카의 실험 이후에도 여러 동물이 우주로 갔는데, 2008년 한국의 우주 비행사 이소연씨가 초파리를 가지고 가기도 했다. 우주에서 온 방사선이 초파리의 유전자에 어떤 돌연변이를 일으키고, 이것이 어떻게 자손에게 전달되는지를 확인하는 실험을 하기 위해서였다.[1]

쟁점 우주로 동물을 보내는 실험은 해도 괜찮은 것일까? 우주인 이소연씨가 가져간 초파리와 유기견 라이카는 모두 우주로 간 생물이지만 라이카의 경우에는 개이고, 초파리에 비해 고등 동물이라는 점이 큰 차이가 있다. 또한, 라이카는 유기견이었다. 현재 많은 국가에서 유기견을 실험에 다시 사용하지 못하게 하고 있는데, 이는 한번 버려진 동물을 다시 실험에 이용하는 것이 옳지 않다는

---

1   biz.chosun.com/site/data/html_dir/2017/11/08/2017110803620.html

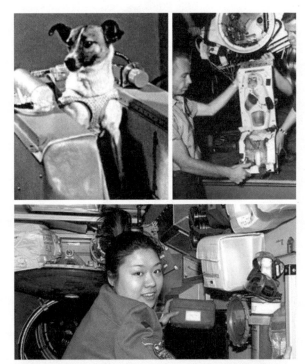

(왼쪽 위) 1957년 우주로 간 첫 동물 '라이카', (오른쪽 위) 1959년 우주에서 귀환한 원숭이 '에이블', (아래) 국제 우주 정거장에서 초파리 실험을 한 한국 첫 우주인 이소연 박사. ⓒ 조선biz

여론 때문이다. 만약 동물을 우주로 보내는 실험이 이후 중요한 과학적 성과를 낼 수 있다면 그 실험은 정당화될 수 있지만 라이카의 경우에는 그렇지 않았다. 고열로 사망하기까지 라이카는 얼마나 고통스럽고 공포에 떨어야 했을까?

2장 동물 실험의 역사

역사상 동물 실험을 처음으로 했던 학자는 아리스토텔레스 (Aristotleles)였다. 그는 해부학과 동식물 분류학의 기초를 세운 사람으로 전 세계 희귀한 동물을 모아 해부하고 분류했다고 한다. 이후 로마의 의사인 갈레노스(Galenos)는 양, 돼지, 원숭이들을 해부하며 이를 통해 혈액의 순환, 해부학 구조 등을 연구했다. 그는 검투사들을 치료하는 의사였지만 로마에서 기독교가 공인된 이후 인간의 신체를 직접 연구하기 어려워 대신 동물을 연구했다고 한다. 당시 기독교에서는 인간이 신의 창조물이었기 때문에 신의 허락을 받지 않고 인간의 신체를 연구하는 것은

갈레노스

어려웠다. 갈레노스의 연구 성과는 현대 의학의 성과에서 보면 다소 잘못된 점이 많았다. 그러나 의학 연구가 발전되지 않았던 당시에 인간과 동물의 공통점을 찾아내고 해부학과 생리학의 기초를 만들었다는 것은 큰 성과라 할 수 있다.

로마 이후 중세는 과학 연구의 암흑기였다. 그러나 르네상스 이후 16세기가 되자 자연 현상에 관한 실험과 관찰을 통해 지식을 탐구해야 한다고 주장하는 학자들이 많이 나타났다. 과학의 전성시대가 시작된 것이다.

프란시스 베이컨(Francis Bacon)은 추위가 부패에 미치는 영향을 연구하기 위해 닭의 몸 안에 눈을 채워 관찰했다고 한다. 부패가 온도와 관련이 있다는 가설을 세우고 그것을 검증하기 위해 동

프란시스 베이컨

물을 사용한 것이다. 이는 현대 동물 실험의 시초라고 볼 수 있다. 그러나 과학과 인간의 질병을 연구하기 위해 동물을 이용했을 때 가장 어려운 문제는 동물도 역시 고통을 느낄 수 있다는 점이었다. 동물도 인간처럼 감각을 느낄 수 있다면 동물 실험 과정에서 많은 고통을 느꼈을 것이다.

　이런 문제를 철학적으로 해결한 것은 데카르트(René Descartes)였다. 데카르트는 동물이 영혼이 없는 기계(animal machine)라고 주장했지만 그는 동물도 아픔을 느끼고 굶주림, 추위 등 감각이 있다는 사실은 인정했다. 그러나 데카르트의 생각에 동물은 영혼이 없고, 이성도 없는 존재였다. 따라서 동물은 인간보다 낮은 지위를 가지고 있고, 동물의 생리 기능은 기계처럼 분석해 알 수 있다

데카르트

고 생각했다. 데카르트의 생각은 이후 과학자들이 동물에 관한 다양한 실험을 하면서도 죄책감을 덜 수 있는 좋은 계기가 되었다. 기계는 분해하거나 부수어도 문제가 되지 않기 때문이다.

계몽주의 시대는 과학 연구의 발전기였다. 윌리엄 하비(William Harvey)는 역사상 많은 업적을 남긴 의학자이자 생리학자이다. 하비는 심혈관계 현상에 관한 이론을 동물 실험을 통해 검증했다. 두꺼비, 개구리, 뱀, 물고기, 게, 새우 등이 이용되었다. 이 발견은 《동물의 심장과 혈액의 운동에 관한 해부학적 연구》라는 책으로 발표되었다.[2]

얀 드발이라는 의사는 혈액 순환을 증명하기 위해 개 다리의 동맥과 정맥을 노출해서 묶어 보는 실험을 했다. 분명히 동물을 이용한 실험은 과학자들의 이론을 검증하는 데 쓰였고, 때로는 성과도 냈다. 그러나 모든 실험이 윤리적이진 않았다. 과학자들이 단순히 자신의 호기심을 충족시키는데 그치거나, 과학적으로 별다른 의미가 없는

윌리엄 하비

---

2   topclass.chosun.com/news/articleView.html?idxno=10177

실험도 많았다. 심지어 오락을 위해 동물을 죽이는 실험도 성행했다.

17세기 이후 일부 지식인들은 잔인한 동물 실험을 비판하고 의미 없이 생명을 희생하는 과학 연구에 반대하였다. 로버트 보일(Robert Boyle), 리차드 로워(Richard Lower), 알렉산더 포프(Alexander Pope)와 같은 지식인들은 동물 실험의 동물 학대적 측면을 비판했다. "인간이 동물보다 조금 더 나은 위치에 있다고 해서 과연 그들을 죽일 권리가 있는가?"라는 질문을 던진 것이다.

18세기 지식인 새뮤얼 존슨(Samuel Johnson) 역시 당시 잡지의 기고문에서 잔인한 실험을 한 과학자들을 비난했다. 그가 비판한 실험의 내용은 잔혹했다. '개를 널판 위에 못 박고 산 채로 내장을 드러내게 하고, 신체를 자르거나 그곳에 구멍을 내면서 얼마나 오래 사는지 보는 것, 뼈나 혹은 인대 어느 쪽에서 달군 쇠를 더 잘 느끼는지 조사하는 것, 혹은 독물을 입으로 주입했을 때와 정맥으로 주입했을 때 어떤 쪽이 더 고통스러운지 조사하는 것' 등이 당시 실험의 내용이었다.[3]

모든 실험이 잔혹하고 불필요한 것은 아니었다. 동물 실험을

---

3 《동물실험 윤리》, 로도스, 2014. p. 34~35

스티븐 헤일즈   루이 파스퇴르

통해 과학적으로 필요한 성과도 냈다.

스티븐 헤일즈(Stephen Hales)는 말의 경정맥에 유리관을 꽂아 최초로 혈압을 측정하기도 했다.[4] 루이 파스퇴르(Louis Pasteur)는 동물 실험을 통해 개의 광견병, 양의 탄저병, 닭의 콜레라 등을 연구했다. 닭 콜레라 발병의 원인과 백신을 개발하기 위해 많은 닭이 이용되었고, 광견병에 감염된 토끼를 이용해 독성이 약한 백신을 만들어 내기도 했다.

동물을 이용한 실험이라는 주제를 윤리적으로 비판하기 시

---

4   www.nongsaro.go.kr/portal/ps/psv/psvr/psvrc/rdaInterDtl.ps?&menuId=PS00063&cntnt
    sNo=207445

1881년 5월 31일 푸이 르 포르 농장에서 탄저균을 주입하고 있는 파스퇴르 연구팀. ⓒ 사이언스올

작한 것은 철학자 제러미 벤담(Jeremy Bentham)이었다. 공리주의 철학자 제러미 벤담은 1789년《도덕과 입법의 원리 서설》에서 "고통을 겪을 수 있다는 점에서는 동물과 인간이 같기 때문에, 동물을 잔인하게 취급하는 것은 비윤리적이다."라는 주장을 펼쳤다. 벤담의 철학은 이후 동물의 권리와 복지에 관심을 가지는 시민들에게 많은 영향을 주었다.

　동물 실험의 대안을 제시한 사람들도 있었다. 영국의 의사이며 생리학자였던 마샬 홀(Marshall Hall)은 생리학적 실험 절차에서 동물의 고통이 고려되어야 한다고 주장했다. 그는 동물 실험

제러미 벤담   마샬 홀

에 '5가지 원칙'이 있어야 한다고 주장했는데 이는 현대의 동물 실험 윤리 원칙과 상당히 유사한 수준이었다. 홀의 주장에 따르면 동물 실험은 다음의 조건이 있어야 합리화될 수 있다. ① 목적이 분명하고, ② 다른 대안이 없을 때, ③ 연구를 다시 반복할 필요가 없고, ④ 동물의 고통을 최소화하고, ⑤ 연구 결과를 발표할 수 있어야 한다는 것이다.

19세기는 생명 과학이 발전하는 시기였다. 생리학자 마장디(François Magendie)와 베르나르(Claude Bernard)는 근대 생리학의 기초를 마련하였다. 마장디는 장에서 영양소가 흡수되는 통로를 알아냈으며, 심장이 이완과 수축할 때마다 심음이 발생한다는 것도 발견했다. 모두 동물을 해부해서 밝혀낸 것이다. 마장디의 제

프랑수아 마장디   클로드 베르나르

자였던 베르나르는 동물 생체를 이용한 실험을 광범위하게 실시했다. 그 배경은 기존의 의학 연구에서 생리학(생물의 기능이 나타나는 과정이나 원인을 과학적으로 분석하고 설명하는 생물학의 한 분야)이 해부학, 병리학(병의 원리를 밝히기 위하여 병의 상태나 병체(病體)의 조직 구조, 기관의 형태 및 기능의 변화 등을 연구하는 기초 의학)과 다른 독립된 영역으로 발전하면서 가능했다. 질병의 치료라는 의학의 목표를 위해서는 신체 각 부분의 구조에 대한 지식인 해부학도 필요하고 이 기관의 기능에 관한 지식을 제공하는 생리학도 필요하다. 또한 신체 각 기관의 정상적인 기능이 파괴되었을 때 병리학 연구가 필요하고 이 기능을 정상으로 돌려놓는 것이 치료가 된다고 본 것이다. 베르나르는 이 네 가지의 기능이 각기 독립적으로 발전해야

하고 특히 병리학과 생리학은 실험을 통해 과학적 지위를 획득해야 한다고 주장했다. 그러나 유기체의 생명 현상은 죽은 사체를 통해서 연구하는 데에는 한계가 있었다. 따라서 살아있는 생물에 관한 생체 해부(vivisection)가 광범위하게 이루어졌다.[5] 문제는 실험의 과정이었다. 베르나르는 "과학자는 자신이 추구하는 과학적 사상에 전력하여 동물들이 울부짖는 소리도 듣지 않아야 한다."고 주장했다. 그는 "진정한 생체 해부학자는 외과 의사가 어려운 수술에 들어갈 때와 같은 기쁨과 흥분 상태에서, 그리고 즐거운 느낌을 가지고 어려운 생체 해부에 접근해야 한다. 살아 있는 동물에 칼을 대는 것을 겁내는 사람은 결코 생체 해부의 명인이 될 수 없다."는 말을 남겼다. 잔인한 실험도 어쩔 수 없으며, 과학자는 잔인한 행위에 눈을 감아야 한다는 생각이었다.[6]

그러나 생리학과 생명 과학의 발전은 생체 해부 반대(anti-vivisection) 운동을 촉발하게 하였다. 1822년 영국에서 마틴법(Cruel Treatment of Cattle Act 1822)이 제정되었는데, 이는 세계 최초의 동물 복지, 동물권을 보호한 법으로 정식 명칭은 '가축 동물의 부당한 취급 방지를 위한 법률'이다. 당시 동물 학대 방지법 제정을 위해 노력한 리처드 마틴의 이름을 따서 부르기 시작했다. 1824

---

5   〈클로드 베르나르의 일반 생리학: 형성과정과 배경〉, 의사학 제 19권 제 2호, 한기원. 2010.

6   《탐욕과 오만의 동물실험》, 레이 그릭, 진 스윙글 그릭 공저, 다른세상. 2005.

동물 보호 운동의 선구자 리처드 마틴

년에는 세계 최초의 동물 보호 단체인 '동물학대방지협회(Society for the Prevention of Cruelty to Animals)'가 설립되었고, 1876년에는 동물 실험을 규제하는 법안인 '동물학대금지법(Cruelty to Animals Act)'이 세계 최초로 영국에서 제정되었다. 베르나르의 제자였던 조지 호건 박사는 1875년 영국 최초의 반생체해부모임을 만들었다.

20세기 들어서 의생명 과학의 발전은 더 많은 동물을 실험에 사용하게 만들었으며, 이 과정에서 사고도 많이 발생하였다. 1937년 미국에서 항생제 설파닐아미드(sulfanilamide, 분말 형태로 2차 세계대전에서 환부의 감염 속도를 늦추고 감염을 막기 위해 연합군 측이 사용했다.) 가 개발되었는데, 이를 복용한 사람 중 107명이 사망하는 사건 이 발생했다. 사건이 일어나자, 과학자들은 동물을 대상으로 설파닐아미드를 투여해 보았다. 그런데 실험 결과 동물들에게도 치명적인 피해가 발생했다. 이 사건을 계기로 과학자들은 모든 약물 판매 전 반드시 동물에게 먼저 사용해 보아야 한다는 확신을 가지게 되었고, 신약 개발 전 동물 실험은 의무사항이 되었다. 하지

설파닐아미드

만 그 반대의 경우도 있었다. 독일의 그루넨탈(Grunenthal) 제약사는 동물 실험을 통해 안전성이 입증된 입덧 치료제 탈리도마이드(thalidomide)를 개발해 여러 나라에 수출했다. 그런데 어느 날부터 팔과 다리가 없는 기형아들이 태어나기 시작했다. 조사 결과 기형아를 출산한 산모들 모두 탈리도마이드를 복용한 것으로 드러났다. 탈리도마이드 사건은 동물 실험이 불필요하다는 주장에 힘을 싣기도 했다.[7]

동물 실험이 필요한지 불필요한지에 관한 주장은 20세기 내

7　www.sciencetimes.co.kr/news/5억-마리-영혼을-위한-찬반-논쟁/?cat=29

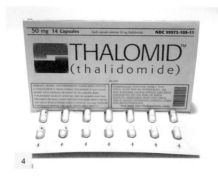

탈리도마이드

탈리도마이드의 부작용으로 태어난 아이들. ⓒ 덴탈이슈

 34 동물 실험, 무엇이 문제일까?

내 끊임없이 제기되었다. 동시에 불필요한 실험을 줄이고 과학적 실험의 과정도 윤리적으로 평가되어야 한다는 주장이 제기되었다. 본격적으로 동물 실험의 윤리에 관한 국제적인 논의가 이루어지기 시작한 것은 2차 대전 이후였다. 제2차 세계대전은 동물뿐 아니라 인간까지도 실험용으로 희생시켰고, 전쟁 후 인간이 시행한 학살을 보고, '동물복지를위한대학연맹(UFAW: Universities Federation for Animal Welfare)'의 창립자 찰스 흄(Charles Hume)은 동물학자인 윌리엄 러셀(Willian Russel)과 미생물학자 렉스 버치(Rex Burch)에게 의뢰하여 실험실 동물에 대한 인도적(humane) 취급에 관해 연구하도록 의뢰하였다. 이렇게 만들어진 것이 우리나라 동물보호법 제23조가 정한 동물 실험의 기본 원칙인 '3R'이다. '3R' 원칙이란 동물 실험의 숫자를 줄이고(Reduction, 감소), 비동물 실험으로 대체(Replacement)하며, 고통을 최소화(Refinement)하는 것에서 앞

찰스 흄   렉스 버치와 윌리엄 러셀. © CCAC│CCPA

머리 문자만 따온 것이며, '3R'은 현재까지도 실험실 내 동물의
복지를 위해 널리 쓰이는 원칙이다.

21세기 동물 실험은 새로운 도전을 맞고 있다. 21세기 초반
'게놈 프로젝트(Genome project)'의 완성으로 생물과학 분야는 전 세
계적으로 주력 산업이 되고 있다. 또한 새로운 질병 모델로 유전
자를 변형한 동물이 만들어짐으로써 유전자 조작 동물에 관한
시설과 관리 기준이 엄격하게 제정되고 있다. 이는 사육 관리가
점차 과학적 기준에 의해 만들어지고 시설 역시 현대화되고 있
으며, 동물 실험이 증가할 수 있어서 동물 복지를 위한 기준 역
시 강화되고 있음을 말해 준다.

'3R'의 원칙이란?

'3R'은 현재 전 세계적으로 동물 실험의 복지를 위한 중요한 원칙이 되었다. 동물보호법 제23조에는 동물 실험의 원칙이 나온다. 'Replacement(대체)는 동물 실험의 대안으로 동물을 사용하지 않는 대체법을 우선적으로 고려해야 한다.'는 원칙이다. 무생물을 사용하는 적극적인 대체법 고려도 있지만, 지각력이 높은 고등 동물보다 지각력이 낮은 동물을 사용하는 소극적인 대체 방법도 포함된다. 동물 개체가 아닌 세포나 시험관에서 조직을 배양하는 방법, 컴퓨터 프로그램을 사용하는 방법도 있다.

'Reduction(감소)이란 되도록 적은 동물을 사용하자.'는 원칙이다. 과학적 검증에 필요한 데이터가 확보될 수 있다면 사용하는 동물의 수는 최소한으로 해야 한다. 이를 위해서는 실험이 필요 이상으로 중복되지 않도록 기존의 문헌을 충분히 검토할 필요가 있다. 통계학적 검토를 충분히 하여 적절한 수의 동물을 사용하도록 하는 것도 중요하다. 단, 이때 동물 수를 줄이기 위해 한번 실험에 사용한 동물을 재사용하지 않도록 해야 한다. 동물에게 여러 번 고통을 줄 수 있기 때문이다.

'Refinement(개선)는 실험 과정에서 동물의 고통과 통증, 스트레스를 감소시키기 위해 노력하자.'는 것이다. 실험동물의 사육 공간을 동물종의 특성에 맞게 만들어 동물이 정상적인 생활을 할 수 있도록 해야 하며, 통증이 예상된다면 진통제, 진정제 등을 제공해야 한다.

현재 이 '3R'의 원칙은 동물 실험이 윤리적이고 과학적으로 인정받도록 하는 원리이며, 이는 대부분의 실험동물 관련 법률을 통해 정비되어 있다. 세계보건기구(WHO)는 이후 1999년 8월 31일 이탈리아 볼로냐에서 열린 '제3차 생명과학에서 대체 방법의 개발과 실험동물에 관한 세계 회의'에서 3R 원칙이 선언되었고, 이 선언의 채택으로 3R 원칙은 여러 나라에서 동물 실험에 관한 법으로 수용되었다.

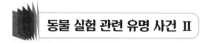

갈색 개 사건-동물 실험을 둘러싼 사회적 갈등

1906년 런던 배터시(Battersea) 공원에는 유니버시티 칼리지 연구실에서 숨진 갈색 테리어 개 한 마리를 추모하는 동상이 세워졌다. 그 기념비에는 '갈색 테리어를 기념하며/ 1903년 2월 유니버시티 칼리지 연구실에서/ 개는 죽음을 맞았다./ 이미 한 차례 생체 실험을 겪은 지 두 달 뒤/ 그는 또 다시 생체 실험대에 올려졌다./ 같은 자리에서 1902년 한 해 동안/ 232마리의 개가 생체 실험을 당했다./ 영국의 남녀들이여/ 언제까지 이런 일이 계속되게 두려는가?' 라는 문구가 새겨졌다.

이 기념비는 앞서 스웨덴 반생체실험협회 창립자였던 하게비(Lizzy Lind af Hageby, 리찌 린드 아프 하게비)와 샤르타우(Leisa Katherine Schartau, 라이자 카터리네 샤르타우)가 어니스트 스털링과 윌리엄 베일리스 교수의 개 실험 현장을 목격한 뒤 기록한 동물 실험 비판 관련 글이 〈더 데일리 뉴스〉를 통해 전문이 알려지면서 동물 실험 관련한 재판이 진행되었고, 이 재판이 끝난 뒤 기금을 모아 기념비가 건립되었다. 당시 실험을 진행한 연구팀은 반생체실험협회를 명예 훼손으로 고소했고, 협회는 소송에서 지게 되면서 기념비를 만들게 된 것이다. 그런데 기념비 문구가 문제가 되면서 동상을 수호하려는 세력과 동상을 파괴하려는 시위대 간의 갈등으로 번지게 되었다. 이 갈등에 경찰까지 동원되자 1910년 배터시 시의회는 동상을 철거하기로 결정했다. 동상이 철거된지 70년이 훨씬 지나 배터시 공원에는 갈색 개를 둘러싼 일련의 사태를 기억하자는 의미의 개 동상이 다시 세워졌다. [8]

---

8 hankookilbo.com/News/Read/201812031377313801

쟁점 갈색 개 사건은 동물 실험처럼 논란의 여지가 있는 사건이 여론을 형성하면서 때로는 폭력 사태라는 큰 갈등을 만들 수 있다는 점을 보여 주었다. 이 사건에서 법의 핵심은 마취 없이 생체 실험을 할 수 없다는 것이었다. 실험을 진행한 베일리스 교수와 조수들은 실험 중인 개가 충분히 마취되어 있었다고 했지만 이 실험을 목격한 하게비와 샤르타우는 개가 분명한 의식이 있는 상태에서 저항했다고 주장했기 때문이다. 이에 전국반생체실험협회가 이 생체 실험이 잔혹하고 적법하지 않았다고 말하면서, 당시 실험을 진행한 저명한 생리학자인 베일리스 교수는 큰 비난을 받게 되었다. 그는 명예훼손 소송을 제기했고 이에 승소했다. 소송이 마무리되고 반생체실험협회가 이 갈색 개를 추모하는 동상을 세웠지만 그 동상에 표시된 선동적 문구로 인해 의대생들이 또 격분하게 되었다. '갈색 개 폭동'이라 불리는 여러 충돌이 발생하자 결국엔 경찰이 '반견주의자'의 습격에 대비해 24시간 동상을 경호해야 하는 상황까지 이르게 되었다.

베일리스 교수는 스털링 교수와 함께 마취된 개를 이용한 실험으로 창자의 연동 운동을 발견하기도 하는 등 생체 실험을 통해 많은 생리학 가설을 검증하였다. 어떻게 생각하면 우스꽝스러웠던 이 사건에서는 양측 모두 나름의 정당성을 가지고 있었다. 의학도들은 실험을 통한 의학 지식 증진이라는 명분을 내세웠고, 생체 실험 반대자들은 동물에게도 권리가 확대되어야 한다는 당위성을 설파했던 것이다. 이러한 일련의 사건을 통해 우리가 깨닫게 되는 것은 결국 동물 실험은 사회적인 논의와 합의가 필요하다는 것이다.

(위) 영국 배터시의 1906년 갈색 개 동상, (아래) 1985년 새로 제작된 갈색 개 동상.
ⓒ 한국일보

꼭꼭 씹어 생각 정리하기

1. 동물 실험의 정의가 무엇인지 생각해 보고, 동물 실험에 주로 쓰이는 동물의 종류가 무엇인지 알아봅시다.

동물 실험은 대부분 온혈성 척추동물이 쓰이는데 무척추동물이나 곤충 등도 많이 쓰입니다. 최근에는 인간과 비슷한 영장류나 정서적으로 가까운 개와 고양이보다 제브라피시 등 어류나 발생학적으로 인간과 먼 동물을 많이 쓰는 추세입니다. 의학과 과학의 발전은 결국 인간을 위해서인데 동물을 사용하는 이유는 의약품이나 화학 약품 등 인간이 사용하거나 인체에 들어가는 여러 화합물이 실지로 인간에게 어떤 영향을 주는지 예측하기 어렵기 때문에 미리 동물을 통해 확인해 보기 위해서입니다. 그러나 동물도 인간처럼 고통과 스트레스, 통증을 느낄 수 있기 때문에 동물 실험은 오랜 기간 사회적 쟁점이 되어 왔습니다.

2. 동물 실험이 시작된 이후 어떤 논쟁이 있었는지, 그리고 어떤 방향으로 발전해 왔는지를 살펴봅시다. 또한 3R이라는 원칙이 만들어진 배경에 관해 이해하고, 3R에 대해 다시 생각해 봅시다.

동물 실험은 아리스토텔레스부터 시작해 현대에 이르기까지 전 인류의 역사에서 늘 있었습니다. 그 과정에서 불필요한 실험은 비판의 대상이 되기도 했지만 명확히 과학적 성과를 끌어내기도 했습니다. 그러나 잔혹한 동물 실험은 늘 사회적으로 논쟁을 가져왔고 이에 반대하는 흐름은 갈등을 만들어 내기도 했습니다. 19세기 생명 과학의 발전으로 동물 실험이 폭발적으로 늘어나자 동물 실험에 반대하는 운동이 시작되었습니다. 20세기 의생명 과학의 발전으로 신약 개발이 늘어나자 약물 판매 전 동물에게 먼저 사용해 보는 제도가 정착되었습니다. 그러나 부작용이 발생하자 동물 실험이 과연 유효한지 의문을 제기했습니다. 21세기 동물 실험은 새로운 방향으로 발전하고 있습니다. 유전체 규명 프로젝트의 완성으로 새로운 질병 모델이 만들어졌고 희귀병 치료, 종양 연구 등이 활발하게 진행되고 있습니다. 2차 대전 이후 동물 실험의 윤리를 확립하기 위한 국제적 노력으로 만들어진 3R의 원칙은 지금까지도 중요한 원칙으로 작용하고 있습니다.

2부

동물 실험 관련 법률 및 논쟁

1장 동물 실험 관련 법률

현재 우리나라에서 동물 실험에 관한 법령으로는 '동물보호법'과 '실험동물에 관한 법률'이 적용되고 있다. 동물보호법은 1991년 처음 마련되어 2022년까지 총 29번 개정되었고, 실험동물에 관한 법률은 2010년에 처음으로 제정되었다. 동물보호법 제3조는 동물 보호의 기본 원칙으로 다음 5가지 원칙을 준수해야 한다고 명기하고 있다. 1. 동물이 본래의 습성과 신체의 원형을 유지하면서 정상적으로 살 수 있도록 할 것, 2. 동물이 갈증 및 굶주림을 겪거나 영양이 결핍되지 아니하도록 할 것, 3. 동물이 정상적인 행동을 표현할 수 있고 불편함을 겪지 아니하도록 할 것, 4. 동물이 고통, 상해 및 질병으로부터 자유롭도록 할 것, 5. 동물이 공포와 스트레스를 받지 아니하도록 할 것 등이다. 동물보호법 제3장은 동물 실험에 대한 장으로 동물 실험의 원칙과 윤리에 관한 내용을 다루고 있다. 실험동물에 관한 법률은 실험동물의 생산 시설과 공급, 사용 등 동물 실험의 운영에 관한 법률을 포함하고 있다. 동물보호법 제10조의 내용은 '교육, 학술 연구 등 과학적 목적으로 실험하는 경우 가능한 고통을 주지 않아야 하고 실험이 끝나면 동물을 검사해 고통이 심할 경우 되도록 빨리 고통을 주지 않는 방법으로 처리할 것'이라고 규정하고 있다. 동물 실험의 원칙을 규정한 동물보호법의 구체적인 조항은 다음과 같다.

*동물 실험의 원칙 제23조
① 동물 실험은 인류의 복지 증진과 동물 생명의 존엄성을 고려하여 실시하여야 한다.
② 동물 실험을 하려는 경우에는 이를 대체할 수 있는 방법을 우선적으로 고려하여야 한다.
③ 동물 실험은 실험에 사용하는 동물의 윤리적 취급과 과학적 사용에 관한 지식과 경험을 보유한 자가 시행하여야 하며 필요한 최소한의 동물을 사용하여야 한다.
④ 실험동물의 고통이 수반되는 실험은 감각 능력이 낮은 동물을 사용하고 진통·진정·마취제의 사용 등 수의학적 방법에 따라 고통을 덜어 주기 위한 적절한 조치를 하여야 한다.
⑤ 동물 실험을 한 자는 그 실험이 끝난 후 지체 없이 해당 동물을 검사하여야 하며, 검사 결과 정상적으로 회복한 동물은 분양하거나 기증할 수 있다.

이는 '3R'의 원칙을 법률에 넣은 것이라고 할 수 있다. 그러나 '3R'이 실험기관 내에서 정확하게 지켜지기 위해서는 보다 구체적인 내용이 필요하였다.

2007년 동물보호법 개정을 통해 제14조에 '동물실험윤리위원회(IACUC)'를 두어 실험동물의 복지가 위원회 내에서 논의될 수 있는 제도가 만들어졌다. 동물실험윤리위원회는 동물 실험을 시행하는 모든 기관에 의무적으로 설치하도록 하고, 동물 실험을 심의하고 실험동물의 보호와 윤리적 취급을 하도록 지도 감독하는 역할을 한다. 동물실험윤리위원회의 설치와 운영은 실험동물의 복지만을 위해 설치된 것은 아니었다. 이미 오래 전부터 한국의 과학자들이 국제적 학술지에 논문을 투고할 때 동물실험윤리위원회의 연구계획서 승인 여부를 요구받으면서 위원회 설치의 중요성이 부각되었던 것이다.

실험동물의 복지와 동물 실험의 윤리는 이미 전 세계적인 추세였고, 권위 있는 과학 학술지는 실험계획서의 윤리적 평가를 당연하게 생각하고 있었다. 이런 국제적 분위기에 발맞춰 국내 모든 동물실험기관은 동물실험윤리위원회를 설치하고 있다(2021년 기준 481개 기관 등록: 농림축산검역본부 동물보호과 자료 참조).

동물실험기관은 3명에서 15명 사이의 위원으로 동물실험윤리위원회를 설치하게 되는데, 여기에는 수의사 한 명과 민간단체 추천 외부위원 한 명을 의무적으로 추천하도록 하고 있다. 또한, 동물실험윤리위원회 구성 인원 3분의 1은 동물 실험 시행기관과 관련이 없는 사람이어야 한다. 민간단체 추천위원으로 외부에서 일반 시민을 위원회에 들어오게 하는 이유는 동물 실험이 일부 전문성을 가진 사람들의 식견으로만 이루어진다면 객관성을 잃을 수도 있기 때문이다. 일반 시민의 시각에서 상식에 맞는 실험을 진행해야 한다. 수의사 한 명이 동물실험윤리위원회에 의무적으로 들어오게 하는 것은 실험실 동물의 건강과 복지는 모든 기관에 필요한 사항이기 때문이다. 수의사는 동물의 질병을 연구하고 건강과 안전에 책임을 지는 전문가이다. 건강하지 않은 동물을 실험에 사용하게 되면 올바른 과학적 데이터를 얻기 힘들고, 결과적으로 동물 실험의 결과도 신뢰할 수 없게 된다. 실험용 동물은 여러 실험 처치를 받아 신체적으로 고통스러울 수 있고, 질병에 걸릴 수도 있다. 수의사(특히, 실험동물 전문 수의사)는 실험용 동물의 건강을 책임지는 전문가이다. 따라서 앞으로는 동물보호법 전부개정안에 따라 각 기관마다 실험동물 전임 수의사를 두어야 한다(2022년 4월 26일 공포).

모든 동물을 실험에 사용할 수 있는 것은 아니다. 동물보호법 제24조에 따르면 유실, 유기 동물과 장애인 보조견, 군견 등은 실험에 이용할 수 없는 동물이다. 유기 동물 보호소에 있는 동물들은 대부분 새로운 주인을 찾지 못하면 안락사된다. 과거에 이들을 실험에 써도 되는지에 관한 논쟁이 있었지만, 국내법

동물 복지 5개년 종합 계획

6대 분야	연도별 정책 주요 과제 추진 로드맵				
	2020	2021	2022	2023	2024
❶ 동물 보호·복지 인식 개선	▶소유자 명의로 동물 등록 신청 후 판매 의무화	▶동물 학대 처벌 강화 ▶외출 시 목줄 길이 제한	▶소유자 의무 교육 확대 ▶기질 평가 도입 ▶학대 행위 범위 확대		
❷ 반려동물 영업 관리 강화	▶생산업 서비스업 기준 개선	▶무허가 영업 처벌 강화	▶인터넷 반려동물 판매 광고 제한	▶반려동물 국가 자격 운영	▶반려동물 이력 시스템 운영
❸ 유기·피학대 동물 보호 수준 제고	▶지자체 동물 보호 센터 기준 강화 방안 마련	▶동물 인수제 근거 마련 ▶피학대 동물 구조 범위 확대	▶사설 보호소 신고제 도입		
❹ 농장 동물의 복지 개선	▶사육 단계 동물 복지 기준 적용	▶동물 복지 축산 인증 기관 개편	▶운송·도축 단계 기준 강화 적용	▶동물 복지 축산 인증 범위 확대	
❺ 동물 실험 윤리성 제고	▶사역 동물 실험 요건 강화	▶동물 실험 계획 심의 범위 확대		▶대체 시험법 보급 포털 구축	
❻ 동물 보호·복지 거버넌스 확립	▶인구 총조사에 반려동물 사육 여부 포함	▶동물복지위원회 개편		▶동물 보호 전문 기관 구축	

농림축산식품부가 동물 복지 5개년 종합 계획을 발표했다. 이번 계획은 2024년까지 진행되며, 총 6개 분야 26대 과제로 구성되었다. ⓒ 데일리벳

에서는 원칙적으로 금지되어 있다. 한번 주인에게 버려진 동물을 다시 재활용하는 것은 옳지 않고, 국가와 시민을 위해 봉사했던 동물(사역견) 역시 다시 이용하기보다는 새로운 주인을 만나게 해 주는 것이 보다 윤리적일 것이라는 인식 때문이다. 현재 국내 여러 기관에서도 실험이 종료된 후에 건강한 동물에 한해서는 일반인들에게 분양하는 움직임이 있고, 정부에서도 이를 뒷받침하기 위해 최근 가이드라인을 정비했다(2019년).

동물보호법이 동물 실험의 윤리적 측면을 다룬다면, 실험동물의 생산과 사용, 관리에 대한 법률로는 실험동물에 관한 법률이 있다. 이 법은 현대 과학의 발전에 따라 종별로 차이가 발견되고, 같은 종이라도 개체마다 차이가 발견되면서 더욱 중요해졌다. 실험에 쓰이는 동물이 차이가 크다면 이것은 결국 연구 결과의 차이로 나타나게 되고, 실험 결과를 믿을 수 없게 된다. 따라서 표준화된 실험동물 사용의 중요성이 근래에 더욱 강조되고 있는 것이다. 생명 과학과 의학의 발달로 점차 연구량은 증가하고, 이에 따라 희생되는 동물의 수도 많아지고 있는 우리나라에서도 보건복지부 산하 식품의약안전처를 중심으로 실험동물의 생산과 관리의 표준화 작업을 진행해 왔다. 그 결실이 '실험동물의 관리에 관한 법률'이다.

실험동물의 관리에 관한 법률의 적용 대상은 다음과 같다.

식품, 건강기능식품, 의약품, 의약외품, 생물 의약품, 의료기기, 화장품의 개발·안전 관리·품질 관리, 마약의 안전 관리·품질 관리 등의 실험에 사용되는 동물과 그 동물 실험 시설의 관리이다. 실험동물의 관리에 관한 법률에 따르면 동물 실험 시설을 설치하고자 하는 기관과 실험동물의 공급자는 식품의약품안전처장에게 등록하도록 하고 있다. 기관과 공급자는 실험동물의 복지 기준에 맞는 시설과 환경을 만들어야 하며, 이 기준을 위반하게 되면 처벌받게 된다.

실험동물 공급시설이나 사육시설은 어떤 기준을 가지고 있어야 할까? 환경의 변화는 동물들에게 스트레스를 주게 된다. 따라서 실험동물 사육시설은 환경조건이 표준화되어 실험 이외의 조건에서 오는 반응을 최소화해야 한다. 실험동물 시설에서 동물이 받을 수 있는 스트레스는 사육 공간의 크기, 먹이, 급수, 깔짚의 위생, 소음 등이 원인이 될 수 있다. 실험동물 대부분은 항온동물이기에 온도와 습도는 기초 대사율을 변화시킬 수 있다. 실험실 내부는 연중 일정한 온도, 습도, 환기 횟수, 조명 주기가 유지되어야 하고, 미생물을 제어할 수 있는 구조를 갖춰야 한다. 오염을 막기 위한 멸균과 소독의 시설을 구비해야 하며, 동물을 검수, 검역하고 미생물 검사를 할 수 있는 공간도 마련해야 한다. 검수와 검역은 공급처에서 실험동물을 구입하여 도입한 이후 질병이나 감염 우려가 있는지를 사전에 검사하고 조치를 취하는 것을 의미한다.

동물 실험 관련 외국의 법령은 어떠할까? 미국의 경우 동물 실험에 관한 규정을 담은 법률은 동물복지법(Animal Welfare Act)과 공중위생국정책(PHS Policy)으로 '농무부(USDA)'와 '공중위생국(PHS)'이 각각 '기관내 동물이용관리위원회(IACUC)'에 관한 규제 감독을 하고 있다. 법률 위반에 따른 처벌은 규정 위반 시 자격 정지, 벌금과 징역형까지 있다. 또한 화장품의 동물 실험을 금지하는 움직임이 확산되고 있다. 2021년 3월 버지니아 주지사는 화장품의 안전성을 시험하기 위해 토끼와 개, 고양이 등 동물의 이용을 금지하는 내용의 '인도적 화장품법'(Humane Cosmetics Act)에 서

화장품 동물 실험 반대 시위. ⓒ 연합뉴스

명했다. 이 법은 2022년 1월부터 시행되는데, 동물 실험을 거쳐 생산한 화장품의 판매도 금지하는 것이다.

영국의 경우에는 동물 실험에 관한 법률로 동물연구절차법 (Animals Science Procedure Act)이 있다. 이 법률에 따르면 동물 실험은 다음과 같은 의무를 지킬 때에만 허용된다. 첫째, 동물 실험은 다른 대안이 없을 때와 동물이 겪는 고통보다 인간에게 주는 이익이 더 클 때만 허용된다. 둘째, 불필요한 고통을 주어서는 안 된다. 셋째, 고통을 주고 영원히 손상을 주는 실험은 통제된다. 넷째, 독성을 동물에게 투여하거나 새로운 약품을 개발하거나 유전자를 조작하는 종의 번식은 제한된다. 다섯째, 동물 실험을 하기 위해서는 개인과 실험 프로젝트, 그리고 실험을 수행하는

영국에서 1822년 세계 최초로 동물보호법 '마틴법'이 제정되었다. 이후 동물 보호의 5가지 기본 원칙에 따라 법률을 체계적으로 발전시켜 세계적 동물 복지 국가의 모델을 제시했다. ⓒ 픽사베이

건물에도 면허가 필요하다. 여섯째, 개나 고양이와 같은 영장류는 특별히 관리되어야 한다. 일곱째, 이를 위반하게 되면 2년 이하의 징역이나 벌금형에 처하기도 한다.

영국은 면허(license)와 감독관(inspector) 제도가 특징이다. 개인이 실험을 하기 위해서는 면허를 취득해야 하는데, 18세 이하는 면허를 취득할 수 없고 5년에 한 번씩 갱신해야 한다. 내무부는 의사나 수의사를 감독관으로 임명하여 정기적으로 기관을 방문하고 점검한다.[1]

정부가 감독관을 임명하여 기관을 정기적으로 방문하고 감독하는 것은 기관 내에서 직접 실험을 하는 당사자들은 이해관계의 면에서 객관적으로 평가하기가 어려울뿐 아니라 일률적인 법적 적용을 위해서이다. 정부가 실험동물에 관해 직접 관리 감독을 하는 것은 그만큼 무분별하게 시행될 수 있는 동물 실험을 막기 위해서인 것이다.

---

1 〈동물 실험 관련 법령과 동물 실험 윤리〉, 농림축산검역본부, 동물실험윤리위원회 위촉 대상자 교육 교재. 2017. p.15~17

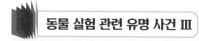

님 침스키 - 동물이 인간의 언어를 배울 수 있을까?라는 가설을 증명하기 위해 희생된 침팬지 이야기

현대 언어학의 아버지로 묘사되고 있는 미국의 언어학자 촘스키(Avram Noam Chomsky)는 언어 능력이 인간에게만 있다고 생각했다. 반면 행동 심리학자 스키너(Burrhus Frederic Skinner)는 동물도 언어를 습득할 수 있다고 주장했다. 스키너의 제자 허버트(Herbert S. Terrace)는 스승의 이론을 입증하기 위해 침팬지 새끼를 한 가정으로 입양 보냈다. 침팬지는 인간 아기와 똑같은 방식으로 자랐는데 3살 이후가 되자 야생성이 드러나 인간을 공격하게 되었다. 결국, 한 연구원의 얼굴을 심하게 물어뜯으면서 이 실험은 1977년 중단되었다. 침팬지는 이후 영장류 연구소에서 다른 침팬지들과 함께 살게 되었고, 생체의학연구소로 팔려가기 직전 사람들의 항의 때문에 동물 보호소로 보내졌다. 침팬지의 평균 수명은 50세 정도인데 이 님 침스키(침팬지의 이름)는 27살의 나이로 죽었다. 보호소에서 님 침스키를 만난 사람들은 밝았던 이전의 생기를 잃어버린 그의 모습에 무척이나 안타까워했다고 한다. [2]

쟁점 동물이 인간의 언어를 배울 수 있다는 가설은 증명되지 않았다. 그 과정에서 침팬지는 매우 불행한 삶을 살게 되었고, 사람에게도 해를 끼쳤다. 또한, 98.7%나 유전자를 공유하고 있는 동물을 실험에 이용하는 것은 문제가 될 수 있다. 현재 유럽은 물론 세계적으로도 유인원 연구는 원칙적으로 금지되어 있다.

---

2 hankookilbo.com/News/Read/201812031377313801

님 침스키. ⓒ 영화 '프로젝트 님'에서

수화를 배우고 있는 님 침스키. ⓒ 백년후

2장 교육용 실험에 관한 논쟁

80년대까지만 해도 개구리나 어류를 포르말린(무색 투명한 액체로 소독제, 살균제, 방부제 등으로 광범위하게 이용된다.)에 담갔다가 실험대 위에 올려놓고 압정을 꽂아 고정한 후, 배를 가르고 내장 기관을 꺼내 보던 실습이 있었다. 과목은 생물이었고, 아이들은 선생님이 해 주신 간단한 설명을 듣고 개구리의 배를 갈라 내장을 들여다보았다. 중학교 생물에서 학생들이 배워야 할 지식은 개구리의 내장 기관을 보고 익히는 것이다. 그러나 정작 개구리의 내장 기관이 어디에 붙어 있는지, 어떤 모양인지는 교과서에도 실려 있는 내용이다. 그러면 과연 아이들은 이 실험을 통해 무엇을 얻기 위해 개구리를 죽여서 배를 갈라야 했을까?

우리나라 동물보호법은 2018년 개정을 통해 미성년자(19세 미만)에게 체험, 교육, 시험, 연구의 목적으로 동물(사체를 포함) 해부 실습을 하게 해서는 안 된다는 조항을 신설했다. 2020년 3월 21

일부터 시행된 동물보호법 개정안은 미성년자 해부실습 금지 의무를 위반한 자에 관해 1차 위반 시 30만원, 2차 위반 시 50만원, 3차 위반 시 100만원의 과태료를 부과하도록 규정하였다.

호주의 머독(Murdoc)대학교 수의과대학은 학생들에게 동물 실습이 들어간 45개의 과목을 수강하지 않고 대체 과목을 선택할 수 있는 자유를 주고 있다. 이 규정은 1999년부터 적용되고 있다. 이 규정을 만드는데 노력한 수의대생은 앤드류 나이트(Andrew Knight)로, 그의 동물 생체실습 거부운동은 세포 생물학 실습에서 시작되었다. 당시 수업의 내용은 살아 있는 쥐의 장기에서 글루코스(탄수화물 대사의 중심적 화합물)의 흡수 상태를 관찰하는 것이

실험용 쥐

었다. 앤드류 나이트는 매년 이 단순한 사실을 알기 위해 반복적으로 30~50마리의 쥐가 죽는 것은 옳지 않다고 생각하였다. 생리학 실습 과정에서는 학생들이 동물을 직접 마취하였고, 양의 동맥과 정맥 여기저기에 튜브를 삽입해 약물을 투여했으며 심장 박동의 변화를 관찰했다. 실험 중 양의 동맥이 막히기도 했는데, 문제는 이런 실험의 결과는 수십 년간 여러 과학자들의 노력으로 이미 밝혀진 과학적 원리라는 것이다.

그는 호주와 유럽의 동물 보호 그룹에 도움을 요청하여 대체 실험에 관한 자료를 수집하였다. 이미 유럽을 중심으로 대안적인 실습 방법이 존재하였고, 앤드류 나이트는 동물 생체실험 대신 대안적인 실험 방법의 이용을 허용해 달라고 요청한 것인데, 결국 그의 요청은 받아들여진 것이다.[3] 지금은 전 세계적으로 대학 교과 과정에서 대체 실험법이 부분적으로나마 도입되고 있는 상황이다.

북미 수의과대학 중 24개 학교에서는 외과 실습을 포함한 교과 과정에 대체 실습 강의를 제공하고 있으며, 미국과 캐나다 등에서도 의대 실습 과정에서 살아 있는 동물 사용이 사라지는 추세에 있다. 동물을 다루는 수의사가 되기 위해서 동물을 직

---

3 www.animals.or.kr/campaign/exp/873

접 접해 보는 것은 매우 중요한 교육이다. 그러나 기술을 익히고 연습하기 위해 살아 있는 동물을 우선 희생시키는 것보다 대체법이 이미 나와 있어서 그것을 이용해 연습한다면 실험에 사용하는 동물의 수를 줄일 수 있을 것이다. 수의과대학뿐만 아니라 미성년자의 동물 실습도 전 세계적으로 규제가 생기거나 줄어들고 있는 추세이다.

미국의 10개 주에서는 학생들에게 동물 해부실습을 거부할 수 있는 권리를 주고 있다. 살아 있는 동물을 죽여 해부하고 가르는 실습에 거부감을 가진 학생들을 보호하기 위해서이다. 또한, 교사는 학생과 학부모들에게 동물 해부실습이 있다면 그 정보를 제공할 의무가 있다.[4]

영국은 실험을 하기 위해서는 면허를 취득해야 하는데, 면허 취득을 위한 나이 제한은 18세이다. 결국 고등학교를 다니는 나이까지는 동물을 이용한 실험을 할 수 없게 한 것이다.

나라마다 차이는 조금씩 있지만, 나이가 어린 학생들에게 실험이나 실습을 제한하는 것은 다음과 같은 이유가 있다.

---

4   www.ohmynews.com/NWS_Web/View/at_pg.aspx?CNTN_CD=A0001623158&CMPT_
CD=SEARCH

1. 학생들의 실습 결과, 새로운 과학적 지식이 발전하는 것은
   아니다.
2. 실습은 학생들이 동물을 다루는 기술을 익히거나 생체를
   보는 실습이 대부분이나, 이를 대체할 수 있는 대체 실험법
   이 많이 발전하고 있다.
3. 학생들의 진로는 아직 결정된 것이 아니라 그중 대다수는
   동물과 상관없는 직업을 선택할 가능성이 높다.
4. 충분히 훈련받지 못한 학생들은 동물들에게 많은 고통을
   줄 수 있고, 학생들에게도 심리적 부담감을 줄 수 있다.

학생들의 동물 실습을 엄격히 제한하는 법적 규정은 주

학생들이 마우스의 배를 갈라 장기를 적출하고 있다. © (사)동물보호시민단체 카라

로 다음과 같은 방향에서 발전되어 왔다. 첫째는 학생들이 심리적인 압박을 받지 않고 실험을 거부할 수 있도록 규정하는 방향, 둘째는 동물 해부 등 구체적인 실습 행위를 금지하는 것이고, 셋째는 동물 실험을 할 수 있는 자격 조건을 제한하는 것이다.

학생들은 동정심과 냉정한 과학 사이에서 양 극단(가책을 느끼지 않고 동물 실습을 선택하거나 거부함)을 선택하기도 한다. 그리고 대부분은 중간적 입장에서 결론을 내리게 된다. 이 행위에 면역이 되어 버린 학생들은 해부되어 잘라진 동물 사체의 부분을 마치 놀이하듯 다루기도 한다. 여기서 중요한 것은 아이들이 향후 동물을 대하는 태도가 이런 경험과 무관하지 않다는 것이다. 대부분의 학생들은 자신이 경험한 것을 향후에도 동일하게 선택하는 경향이 있다는 연구는 주목할만하다.

저자는 2005년 모교에 교수로 부임한 이래, 실험동물 실습 시간에 학생들의 실습 선택권을 부여하였으며, 수의대 학생들 실습에서 대체 방법을 도입할 수 있는 자료와 정보를 제공하는 사업을 전개하였고, 이를 위해 실험동물 복지를 주제로 연구한 제자가 현재 (재)생명과학연구윤리서재의 대표로서 지속적인 보급 활동을 전개하고 있다. 근래에 전국 수의대 실습 과목에서도 다양한 대체 방법(동영상, 모델 활용 등)이 도입되고 있으나, 고가의 장비가 필요함에 따라 저자의 대학에서는 근래에 외과학 실

건국대학교 수의대는 동물 희생을 줄이고 반복적인 실습이 가능하도록 수의학 교육 실습에 동물 모형을 도입했다. (2019.8.29 건국대학교 반려동물산업 최고위과정 1기 원우회에서 동물 희생을 줄이고 실습 교육의 선진화를 위해 실습용 동물 모형과 발전기금을 수의과대학에 기부했다.)
© 건국대학교 수의외과학 윤헌영 교수 사진 제공

습에 본격적인 대체 모델 도입 관련 기부식이 진행되어 학생 실습에 활용되고 있기도 하다.[5] 일반인들은 동물 실험 대신 실습에 대체 방법을 도입하면 되는 것으로 쉽게 생각할 수 있지만, 문제는 경제적인 장벽이다. 많은 대체법의 기술이나 교구가 지적 재산권을 가지고 있어서 의외로 가격이 비싸 실제 살아 있는 동물을 사용하는 것이 비용면에서 훨씬 저렴할 뿐만 아니라, 많은 교수와 연구진이 대체 방법을 도입하고자 하지만 아직 우리나라 학생들은 생생한 생물(生物)을 이용한 실습을 더 원하는 현실도 무시할 수가 없는 상태이다.

---

5   www.dailyvet.co.kr/news/college/118596

미국 신데버(SynDaver)사에서 개발한 수의대 임상 실습용 모델. 각종 외과 수술이 가능한 복강 장기와 해부 구조를 재현했다. ⓒ 건국대

한편, 실험견이나 수술견에게는 종종 수혈용 혈액이 필요한데, 기존에는 공혈견(다른 개에게 수혈을 하도록 피를 제공하는 개)이라는 개를 별도로 사육하여 혈액 공급에 사용하였지만, 지금은 건국대학교 부속 동물병원이 중심이 되어 헌혈견 사업에 나서고 있다.[6] 이 사업은 이미 저자와 제자 이귀향 박사가 2008년에 국내 최초로 시작했던 것으로 이제 전국적인 차원으로 발전하게 되

---

6   www.dailyvet.co.kr/news/college/127535

건국대학교 부속 동물병원

어 감개무량하기도 하다.[7]

현대자동차가 반려견 헌혈 문화 조성과 인프라 확충을 위해
반려견 헌혈 캠페인을 진행했다. 건국대학교 부속 동물병원과
한국헌혈견협회와 공동으로 '아임 도그너(I'M DOgNOR)' 캠페인을
진행했는데 도그너는 반려견(DOG)과 헌혈 제공자(DONOR)를 합
한 말이다.

현대자동차는 중형 승합차인 쏠라티를 개조하여 안전한 환

7   cafe.naver.com/kcbda2017

경에서 혈액 성분 분석과 채혈 등이 가능하도록 각종 전문 장비를 탑재한 헌혈카를 제공했다. 이번 반려견 헌혈 대상은 2~8세의 성견(成犬)이어야 하고, 몸무게도 25kg 이상의 대형견을 대상으로 했다.

위 헌혈 캠페인을 통해 200마리의 반려견을 살릴 수 있는 수혈용 혈액을 확보했다. 헌혈견협회 관계자는 "반려견 1마리가 1년에 한 차례 헌혈하는 것을 기준으로 3천 600마리의 헌혈 가능 반려견을 확보한다면 공혈견이 사라질 수 있다."며 반려견 헌혈 문화를 확대하고 헌혈이 가능한 개체 수를 확보하기 위해 노력하는 중이라고 말했다.

현대자동차, 건국대학교 동물병원, 한국헌혈견협회가 공동으로 진행한 '아임 도그너: 찾아가는 반려견 헌혈카' 캠페인은 해외까지 소개되어 최근 세계 학자들의 주목을 받았다. 2020년

현대자동차 반려견 헌혈차. ⓒ 현대자동차

국제응급수의학회(IVECCS)에서 '반려동물 헌혈카'라는 주제의 발표가 많은 주목을 받았다. 발표 내용에는 헌혈카 제작 과정, 캠페인 참여 반려견 선별 과정, 헌혈 기부 절차, 캠페인 결과 등이 소개됐다. 연구진은 헌혈카 캠페인이 헌혈 기부 센터의 접근성을 향상시키고 기부 프로그램의 효율성을 증대해 더 많은 참가자를 모집하는데 상당히 효과적이었다고 분석했다.

반려동물 헌혈카는 한국뿐만 아니라 아시아에서 최초로 시도된 시스템으로 관련 내용을 추후 논문으로 발표해 캠페인이 학술적으로 인정받을 수 있도록 노력할 계획이라고 참여진은 밝혔다. 인식의 부족으로 우리 사회가 '공혈견'을 길러내고 있다는 사실은 사회적 무책임으로 보인다. 다행히 건국대학교 부속 동물병원에서는 이 문제를 근본적으로 해결하기 위해 아시아 최초로 반려동물 헌혈센터를 개설하였다.

아임 도그너 캠페인. ⓒ현대자동차 유튜브 갈무리

공혈견과 헌혈견

반려견의 수술에 사용되는 혈액은 어디서 공급되는 것일까? 자발적으로 헌혈할 수 없는 동물의 특성상 동물 의료에 사용되는 수혈용 혈액은 대부분 공혈 동물에 의존하고 있다. '공혈견'이 대표적인 예인데, 공혈견은 과도한 출혈이나 빈혈 증세로 수혈이 필요한 반려견에게 수혈용 혈액을 제공하는 개를 말한다. 체중 27kg 이상의 대형견 중 온순한 성격을 가진 개들이 공혈견으로 지정된다. 한국동물혈액은행의 조사에 의하면, 현재 약 300여 마리의 공혈견이 국내에서 사육되고 있으며 개 혈액의 약 90%를 담당하고 있다. 세계동물혈액은행의 지침에 의하면, 공혈의 기준은 몸무게 1kg당 16ml 이하이고 6주가 지나야 다음 채혈이 가능하다. 그러나 명확한 관리 기준이 법으로 제정되지 않아 비위생적 사육 환경과 적정 기준을 초과하는 채혈 횟수 등이 드러나 논란이 일고 있다.

공혈견 보호를 위한 관련 법 제정이 시급한 가운데, 한국헌혈견협회는 반려견 헌혈 문화를 활성화하는 것이 공혈견 보호를 위한 최선의 방법이라고 밝혔다. 협회는 "헌혈을 하면 적혈구 생산을 자극해 피도 더 많이 만들어 내고 대사도 활발해져 개 건강에 좋다."고 말하며 반려견 헌혈 참여를 권장했다.

헌혈견 라프가 헌혈
을 하고 있는 모습.
ⓒ 한국헌혈견협회

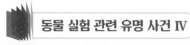

개와 고양이, 인간과 정서적으로 가까운 동물을 실험에 이용한다면?

○ S대 병원 고양이 실험 논란

2020년 4월 각 언론사에 한 병원에서 있었던 고양이 실험에 관한 기사가 실렸다. 실험은 2016년에서 2018년 사이 진행되었는데 고양이의 구입처가 불분명했다. 고양이 번식 농장에서 구입할 수도 있지만, 국내에는 실험용 고양이를 전문적으로 공급하는 회사가 없어서 길고양이나 유기 고양이를 잡아 올 가능성도 없지는 않으나 이런 고양이는 실험에 사용하기 어렵다. 매우 난폭하기 때문이다. 고양이들은 인공 와우(달팽이관) 이식 실험에 동원되었는데 실험 종료 후모두 안락사되었다. 언론사가 공개한 자료에 의하면 안락사 시에 사용한 약품의 사용 출처나 허가를 받은 기록이 전혀 없었다. 공개된 고양이 사육시설의 환

국내 한 대학병원에서 실험용 고양이의 귀 속에 인공 와우 장치를 삽입하는 실험이 진행됐다. ©
비글구조네트워크

경은 매우 열악했다. 한 마리를 제외하고 모든 고양이가 전형적인 코숏(Korean shorthair, 코리안 쇼트 헤어) 고양이였다고 한다. 길고양이였을 가능성도 있다. 현재 고양이는 실험동물법에 대상 동물이 아니다. 또한 동물보호법에 의한 반려동물 번식 업체의 등록 허가제도 2018년부터 시행되었다. 무분별한 실험이 문제이기도 하지만 무엇보다 최근에 각별히 사람들과 친숙해진 고양이라는 동물을 사용한 것이 일부 동물 보호 단체와 시민들의 반발을 초래하였다. 무엇보다 중요한 것은 정당한 실험 목적과 방법상 고통을 초래하지 않는 복지적 노력이 필요한 것이다. 또한 국내에서도 실험용 고양이의 전문적인 공급에 관한 필요성이 점점 요구되고 있다. 왜냐하면 고양이에 대한 백신이나 동물용 의약품에 관한 수요가 증가하기 때문이다.

○ 미국 농무부(USDA, United States Department of Agriculture)는 1982년부터 톡소플라스마(toxoplasma) 기생충 질환 연구실에서 고양이를 이용한 실험을 진행해 왔는데 이제까지 3,000마리가 넘는 고양이가 안락사되었다. 미국수의

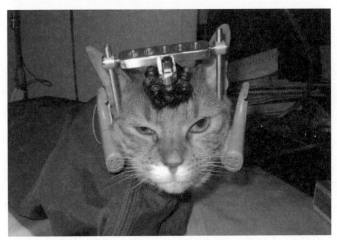

2017년 국제동물권단체 페타가 폭로한 미국 한 대학교의 고양이 실험 모습. ⓒ 페타

사회는 고양이들을 치료해서 입양시켜야 한다고 주장했고 시민 단체인 '화이트 코트 웨이스트 프로젝트(WCW, White Coat Waste Project)'는 이 실험이 '세금으로 운영되는 고양이 도살'이라고 주장했다. 이후 USDA는 '톡소플라스마 연구의 방향성과 고양이 사용 수칙을 바꾸었으며, 더는 이전 방식으로 시험을 진행하지 않을 것'이며 남아 있는 고양이 14마리는 농무부 직원들에게 입양될 예정이라고 밝혔다.[8]

쟁점 최근 고양이가 개와 함께 반려동물로 사람들에게 사랑받는 동물이 되고 있다. 따라서 고양이와 개처럼 사람들이 좋아하는 동물의 경우 매우 신중한 검토가 필요하다. 영국은 고양이, 개 및 영장류를 이용한 실험에 대해 세심한 배려를 하도록 연구자들에게 권유하고 있다. 하지만 한편에서는 오히려 사람과 비교해 반려동물의 백신이나 치료 약품뿐만 아니라 최근에 코로나19와 같은 동물 유래 전염병이나 인수 공통 전염병 등 연구가 부진하여 더 많은 연구가 필요한데, 정작 그 대상이 되는 개와 고양이의 실험이 어려워져서 질병 극복에 장애가 될 수 있다는 우려도 있다. 중요한 것은 동물실험윤리위원회의 심도 있는 심의와 승인후 관리(PAM, Post-Approval Management)가 절실히 필요하다. 이를 위해서는 동물실험윤리위원회만으로는 사후 관리가 불가능하여, 선진국에서는 동물실험기관에 전임 수의사(AV, Attending Veterinarian) 제도를 법제화하고 있으나, 국내에서는 이제 도입될 전망이다(2022년 4월 공포). 그나마 다행이지만 최대한의 권한과 책임이 필요하다.

---

8 www.bbc.com/korean/international-47783680

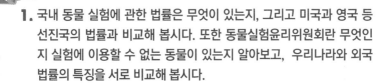
꼭꼭 집어 생각 정리하기

1. 국내 동물 실험에 관한 법률은 무엇이 있는지, 그리고 미국과 영국 등 선진국의 법률과 비교해 봅시다. 또한 동물실험윤리위원회란 무엇인 지 실험에 이용할 수 없는 동물이 있는지 알아보고, 우리나라와 외국 법률의 특징을 서로 비교해 봅시다.

동물보호법은 1991년 처음 마련되어 2022년 기준 총 29번 개정되었고, 실험동물에 관한 법률은 2010년에 처음으로 제정되었습니다. 동물보호법은 동물실험의 윤리적 측면을 주로 다루었고, 법률에 3R의 원칙을 넣은 것이라고 볼 수 있지만 실험동물에 관한 법률은 실험동물의 생산과 사용, 관리적인 측면을 위주로 다루고 있습니다.
미국의 경우 동물실험에 관한 규정을 담은 법률은 동물복지법(Animal Welfare Act)과 공중위생국정책(PHS Policy)으로 '농무부(USDA)'과 '공중위생국(PHS)'이 각각 '기관 내 동물이용관리위원회(IACUC)'에 관한 규제 감독을 하고 있습니다. 법률 위반에 따른 처벌은 규정 위반 시 자격정지, 벌금과 징역형까지 있습니다. 영국의 경우에는 동물실 험에 관한 법률로 동물연구절차법(Animals Science Procedure Act)이 있습니다. 영국 은 개인이 실험을 하기 위해서는 면허를 취득해야 하는데, 18세 이하는 면허를 취득할 수 없고 5년에 한 번씩 갱신해야 합니다.

2. 교육용으로 동물 실험을 하는 경우는 어떤 것이 있는지, 그리고 교육 용 동물 실험에 나라마다 제한을 두는 이유를 생각해 봅시다.

나라마다 차이는 있지만, 나이가 어린 학생들에게 실험이나 실습을 제한하는 것은 다 음과 같은 이유가 있습니다:
① 학생들의 실습 결과, 새로운 과학적 지식이 발전하는 것은 아닙니다.
② 실습은 학생들이 동물을 다루는 기술을 익히거나 생체를 보는 실습이 대부분이나, 이를 대체할 수 있는 대체 실험법이 많이 발전하고 있습니다.
③ 학생들의 진로는 아직 결정된 것이 아니라 그중 대다수는 동물과 상관없는 직업을 선택할 가능성이 높습니다.
④ 충분히 훈련받지 못한 학생들은 동물들에게 많은 고통을 줄 수 있고, 학생들에게도 심리적 부담감을 줄 수 있습니다.

동물 실험의 종류

1장 의학용 실험

의학 목적의 연구는 범위가 매우 넓다. 의학의 정의는 인간의 질병에 관한 예방과 치료를 위한 활동이다. 그러나 인간의 질병을 이해하기 위해서는 유전학, 면역학 등 다양한 기초 과학의 지식과 기술이 필요하다. 의학 연구는 특히 일반 생명 과학 연구에 중요하다. 기초 연구에서 정립된 이론과 실험이 결국 인간

의 질병 치료를 위해 유용하게 쓰이기 때문이다.

　　의학과 생명 과학 연구에서 동물 실험이 사용되는 분야에는 무엇이 있을까. 대표적인 의학, 생명 과학 연구에는 다음과 같은 분야가 있다. 생식과 발생 분야, 유전학 연구, 생리학과 병태 생리 연구 등이다. 생식과 발생 분야에서는 성적 성숙, 내분비와 신경계의 작용, 생식세포의 발달, 수정과 임신, 모태와 태아의 관계를 다룬다. 유전 연구에서는 특정 유전형질이 어떤 방식으로 후손에게 전달되고, 어떻게 나타나며, 그들 간의 상호 작용은 어떠한지 살펴본다. 예전에는 초파리 등이 수명이 짧아 돌연변이를 쉽게 관찰할 수 있어서 많이 사용되었으나, 최근에는 유전자 적중기술(gene targeting, 개체 안의 특정 유전자를 상동 재조합의 방법으로 파괴하거나 주입하는 유전학적 기술)이 발달하여 마우스 같은 척추동물이 많

이 쓰이고 있다. 생리학적 기전 및 병태 생리 분야도 있다. 생리학적 기전 연구란 세포 간의 변화 등 생체 내 구성 물질의 과정을 연구하는 실험이며, 병태 생리란 어떤 원인에 의해 자극을 받았을 때 염증이나 암 등 여러 질병이 어떤 방식으로 발생하게 되는지를 연구하는 분야를 의미한다. 이 밖에 독성 물질이나 유해한 환경 인자에 관한 연구도 있고, 새로운 약물 개발을 위해 안전성과 효능을 테스트하는 연구도 있다. 이런 연구를 특히 임상 실험 전에 수행한다고 하여 전임상(preclinical, 공식적으로는 비임상)이라고 한다. 이 밖에 행동 및 심리 연구, 고등 인지 기능 연구, 중추 신경계와 신경 전달 물질의 작용을 연구하는 분야, 그리고 생태계 내에서 행동 연구를 하는 경우도 있다.

신약 개발을 위한 동물 실험은 지속적인 사회적 이슈이다. 한 개의 신약을 개발하기 위해서는 10~15년이 넘는 오랜 시간과 1조 원 이상의 비용이 필요한 것으로 전해진다. 이토록 많은 시간과 비용을 들여서 신약을 개발하는 이유는 한 개의 약이 개발되었을 때 그 파급 효과가 매우 크기 때문이다. 신약 개발은 신약 후보 물질이 도출됐을 때, 이를 상용화하기 위한 일련의 과정이다. 여기에는 시험관 내에서 세포와 단백질 DNA 등을 사용하는 기초 실험과 실험동물을 사용하는 전임상 단계의 동물 실험, 그리고 실제 사람을 대상으로 실험하는 임상 시험이 모두 포함된다.

약은 질병을 치료하는 반면, 어느 종류든 부작용을 갖고 있다. 그런 약을 개발할 때 아무런 검증도 없는 상태에서 사람에게 투여해 버리면 얼마나 많은 수의 사람이 사망하게 될지 모른다. 신약 개발 과정에서 희생되는 실험동물의 사용을 반대하는 동물보호단체와 동물 실험을 진행하는 과학자들 간에 갈등이 심해지는 이유이기도 하다.

전임상 실험에서 인체 부작용을 예측할 수 있는 확률은 50%라고 한다. 동물보호단체는 고작 50%의 확률을 위해 동물 실험으로 생명체에 고통을 가하는 것이 윤리적으로 정당한지 비판한다. 하지만 사람을 구할 가능성이 단 1%라 할지라도 계속 진행할 수밖에 없다고 과학자들은 말한다.

신약 개발 연구를 하고 있는 무균형 제약 실험실

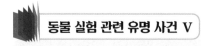

동물 실험 반대 행동의 발전

1999년 미국의 과학자들 80명은 면도날이 달린 편지를 받았다. 그 면도날은 편지를 개봉하면서 손이 베일 곳에 붙어 있었다. 대부분의 과학자들은 무사했지만 콜린 블랙모어라는 과학자의 비서가 손가락을 베게 되었다. 그는 12년간 새끼 고양이를 이용한 실험을 해왔다. 그는 동물권 행동주의자들에게 여러 차례 위협을 받았고, 아이들조차 경찰의 보호를 받기도 했다. 같은 해 동물해방전선(Animal Liberation Front, ALF)은 미국의 여러 대학의 연구소 장비에 손실을 입혔다. 그 손실액은 75만 달러에 달하였다고 한다.

그러나 이런 폭력적인 활동만 있는 것은 아니다. 휴메인 소사이어티(Humane Society of the United States, HSUS)는 지난 2000년에 2020년까지 연구에 사용될 2천만 마리의 실험동물의 고통을 줄이기 위한 구체적인 노력을 기울일 것을 정부에 공식적으로 촉구했다. 이 단체는 그동안 미국 정부가 발행한 보고서를 분석했는데 실험동물들이 받는 고통이 제대로 평가되지 않았고 의도적으로 통계에서 누락된 것도 있었다고 주장했다. 휴메인 소사이어티(Humane Society of the United States, HSUS)는 실험동물 수의사, 동물 행동학자, 생리학자, 신경학자, 동물 마취학자, 철학자 등을 포함한 국제 전문가 그룹을 만들어 구체적인 지침을 요구하고 있다. 실험동물에 관한 인도적인 대우를 바라는 사람들의 활동은 이처럼 다양하지만, 최근에는 폭력적 행동보다 전문적이고 체계적인 활동이 시민들의 지지를 받고 있다.[1]

---

1 legacy.h21.hani.co.kr/h21/data/L000529/1p3p5t2b.html

동물 실험에 대한 비판은 70년대 초창기에는 다소 폭력적인 행동도 적지 않았다. 그러나 이러한 행동은 전체적인 시민들의 호응을 받지 못하였으며, 최근에는 동물 실험 전문가들의 의견을 수렴하여 사회적인 합의를 만들어 가면서 이를 합법적인 방식으로 추진해가는 합리적인 활동으로 변화하고 있다.

4월 24일은 실험동물의 날로 한국 휴메인소사이어티인터내셔널(HSI)은 동물 실험을 반대하는 내용을 담은 단편 영화 '랄프를 구해줘' 한글판을 공개했다. ⓒ HSI

2장 독성 실험

일상에서 사용하는 의약품, 농약, 식품 첨가물, 가정용 화학품은 사용 목적에 따른 독성의 확인이 필요하기 때문에 법령에 따라 독성 시험을 거치도록 되어 있다. 다른 용어로 안전성 시험이라고 부른다. 독성 시험은 시험 대상 물질의 전체 작용 검출을 목적으로 하는 일반 독성 시험과 특수한 독성을 검사하는 특수 독성 시험이 있다. 독성 시험에는 랫드, 마우스, 토끼, 개, 원숭이 외에 배양 세포와 세균이 사용되며, 감수성이 높으면서 유전학적으로 균질한 SPF 동물이 사용된다.

일반 독성 시험

새로운 화학 물질이 사람의 신체에 미치는 독성 영향을 평가하는 시험으로 약물을 주입하는 횟수와 관찰 기간이 다른 단회 투여 독성 시험과 약물을 반복적으로 투여하여 관찰하는 독성 시험이 있다.

급성 독성 시험(acute toxicity test)은 의약품 시험의 경우에 단회 투여 독성 시험(single dose toxicity test)이라고도 하며, 시험 물질을 1회 투여한 후 임상 변화를 관찰하고, 이후 부검하여 독성 징후를 관찰하는 시험을 의미한다.

단회 투여 독성 시험은 설치류, 비설치류 및 영장류에 시험 물질을 1회 투여 또는 24시간 이내로 나눠 투여하여 나타나는 일반 증상이나 부검 소견 등 체내의 변화를 검사하여 독성을 평가한다.

반복 투여 독성 시험(repeated dose toxicity test)은 시험 물질을 반복 투여하여 일반 증상이나 혈액학적 및 혈액 생화학적 검사, 조직 병리학적 검사, 독성 상태 분석을 자세하게 실시하여 독성을 평가한다.

기타 일반 독성 시험은 국소 자극성 시험이나 혈액 및 뇨 등 생체 시료의 채취와 장기 사육 관리 등이 있다.

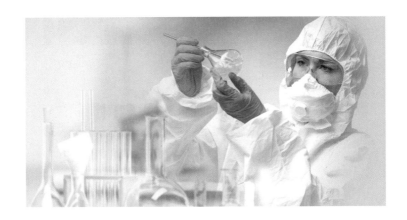

SPF동물이란?

특정 병원성 미생물을 보유하지 않은 실험동물(Specific Pathogen Free Animals)을 의미하며, 모든 미생물이 전혀 없는 무균 동물(Germ free animals)과는 구별된다. 어떤 미생물이 있는지 알 수 없는 일반 컨벤셔널(Conventional) 동물과는 대조적으로 사용되며, 일부 병원체를 가지고 있기 때문에 무엇이 제외되어 있는지를 표시하는 것이 중요하다. 정식 표현은 '특정 병원체 부재 동물'이다. SPF 동물을 생산하기 위해서는 약물과 항생 물질을 써서 특정 병원체를 제거한 동물을 생산하거나, 제왕 절개를 통해 무균 상태로 얻은 새끼를 철저하게 조절된 환경에서 생산할 수도 있다.

동물 실험을 할 때 실험동물이 특정한 병원체에 불현성 감염되면 외견상 특별한 증세가 보이지 않으나 일정한 실험적 자극을 가했을 경우 정상적인 동물과 다른 반응을 보여 실험에 중요한 영향을 미칠 수 있다. 그러므로 SPF동물을 이용한 실험이 중요하다.

연암대 SPF 실험동물센터. ⓒ 연암대

부검(autopsy)이란?

죽음의 원인과 질병에 의한 손상 등의 원인을 규명하기 위해 사체를 검사하는 일. 부검과 대응되는 말로 생검(biopsy)과 검안(postmortem inspection)이 있다. 생검은 '생체 검사'를 줄여 이르는 말로 질병의 진단을 목적으로 생체에서 조직을 채취하여 현미경적으로 검사하는 일을 말하며, 검안이란 시체를 해부하지 않고 사체의 외양을 통해 사망의 종류를 규명하는 검사 행위를 말한다.

이전에는 LD50(반수 치사량)이나 LC50(반수 치사 농도)이 이용되었다. 여기에서 50이라는 의미는 실험군의 반수가 죽을 때까지 시험이 계속되는 것을 말하는데, 실험이 잔인하여 최근에는 최소 치사량만을 이용하는 실험을 하는 추세이다. 이 밖에도 2주에서 3개월간 노출하는 단기 독성시험(short term toxicity test)과 6개월에서 최대 2년까지 노출하는 장기 독성 시험(long term toxicity test)이 있다. 이를 여러 번 투여한다고 해서 반복 투여 독성 시험(repeated dose toxicity test)이라고도 한다.

LD50(반수 치사량, Lethal dose 50)이란?

급성 독성량의 척도로 쓰이는데 동물에게 약물을 투여하였을 때 그 반수의 동물이 사망하는 양을 의미한다. 반수 치사량은 피실험동물에 관한 물질의 독성 정도 또는 치사량을 정량적으로 나타내는 지표로 사용한다. LC50(반수 치사 농도, Lethal concentration 50)은 흡입 독성 물질의 독성 지표로, 급성 흡입 독성 시험으로 반수의 동물이 사망하는 농도를 의미한다. 균일하다고 생각되는 모집단 동물의 반수를 사망하게 하는 공기 중의 가스 농도 및 액체 중의 물질의 농도이다. 실험 방법은 단계적 농도의 가스 물질을 일정 시간 동물에 흡입시키고, 사망 수를 관찰한다. 이때 실험동물의 50%가 죽을 때의 가스 농도량을 관찰하여 LC50 값으로 한다.

물질 별 반수 치사량(LD50)

살충제 계란(피프로닐)
97mg/kg

설탕
27.7g/kg

물
90g/kg

복어((테트로도톡신)
0.01mg/kg

소금
3g/kg

보톡스
(보톨리누스 독소)
1~5ng/kg
(ng, 나노그램=
10억 분의 1그램)

투구꽃(아코니틴)
0.3mg/kg

청산가리
10mg/kg

© 《약이 되는 독, 독이 되는 독》, 이동희 역, 전나무숲, 2008.

GLP 제도란?

우수 실험실 적격 기준(Global laboratory practice)이라고 하며, 화학 물질의 여러 독성 시험의 신뢰성을 위해 준수 사항을 정한 제도를 의미한다. 의약품, 의약외품, 화장품, 화학 물질 및 농약 등의 안전성 평가를 위해 실시되며 각종 독성 시험의 투명성 확보를 통한 신뢰성을 보증하기 위하여 시험의 전 과정과 결과에 관련된 모든 사항을 체계적으로 관리하는 규정이다. 화학 물질 및 의약품이 환경과 보전에 미치는 영향이 크게 증가됨에 따라 안전성 시험 자료의 신뢰성에 관한 중요성이 부각되고 있다. 1970년대 미국 FDA가 신약 허가를 위한 동물 시험 자료의 신뢰성 문제를 제기하면서 안전성 자료의 신뢰성 확보를 위한 GLP 규정을 작성, 공포했다. 이후 각국에서 개별적으로 운영이 되었으며 1981년 OECD에서 국제적 조정을 통해 OECD GLP 원칙으로 제정하였고 지속적인 관련 지침이 개정되었다. 경제협력개발기구(OECD) 또는 의약품규제조화국제회의(ICH) 가맹국은 모두 의약품, 농약, 식품 첨가물에서 공통의 기준을 시행해 지키고 있다. GLP는 실험 시설의 각종 시설, 시험기기, 넓이 등을 비롯하여 운영 관리자, 시험 책임자 등 직원들의 관계도 규정하고 시험 조작, 동물 사육 등 역시 표준화하고 있다.

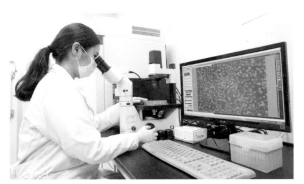

KTC GLP 시험소 직원이 시험하기 위해 현미경으로 세포를 관찰하는 모습.
ⓒ 일렉트릭파워

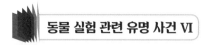
동물 실험실을 폐쇄하는 기관이 생기기 시작했다?

영국 의학연구위원회(MRC) 소속 하웰 연구소의 포유류유전학연구단(MGU)은 2019년 6월 말 MRC로부터 동물 실험 시설 폐쇄를 권고받았다. 또한 2019년 5월에는 영국의 웰컴생어연구소(Wellcome Trust Sanger Institute)가 동물 실험실을 폐쇄하기로 결정했다. 웰컴생어연구소는 지난 20년간 인간 게놈 프로젝트를 공동으로 이끌어 낸 유전학 연구소였다. 사실 이 폐쇄에는 배경이 있었다. 연구소가 동물 실험 대신 세포를 배양해 실제 장기의 기능을 갖도록 만든 '오가노이드(organoid)' 연구를 시작했기 때문이다.[2]

오가노이드는 사람의 줄기세포나 체세포를 외부 환경에서 배양해 실제 장기의 기능을 갖는 일종의 유사 장기를 의미한다. 최근 네덜란드, 오스트리아 등에서 성체 줄기세포를 이용해 심장과 대장, 뇌 등의 장기를 만드는데 성공했는데 이런 오가노이드는 약의 효능을 시험할 때 실험동물 대신 쓸 수 있어 동물 실험의 대체로 주목받고 있다. 사람과 유전적 유사성이 높고 가격도 저렴하기에 여러 가지 유용한 면이 많다. 현재 마우스가 실험동물로 가장 많이 쓰이고 있으며 최근에는 유전자 조작을 통해 다양한 질병 모델도 만들어지고 있다. 설치류는 사람과 유전적 유사성이 80%에 불과하지만 줄기세포를 이용해 오가노이드를 만들면 유전적 유사성이 100% 가까이 일치해 실험의 효율성도 높을뿐만 아니라 동물의 희생도 줄일 수 있다는 장점이 있다. 오가노이드를 활용하면 암 환자의 경우도 부작용이 강한 항암제를 처방받기 전 본인의 세포로 만든 오가노이드에 먼저 약을 적용하여 예후를 살피기에도 유용할 수 있다. 그러나 오가노이드 연구는 비용이 많이 든다. 줄기세포를 배양하는 시스템까지 갖춰야 하기 때문이

2 dongascience.donga.com/news.php?idx=30264

웰컴생어연구소의 동물 실험 시설. ⓒ 웰컴생어연구소 홈페이지 캡처

다. 따라서 오가노이드 기술 연구는 아직 많은 동물 실험을 대체하기 어려운 수준이다. 그러나 최근 인터파크의 바이오융합연구소를 비롯한 몇몇 기업은 오가노이드 개발에 박차를 가하고 있다.[3]

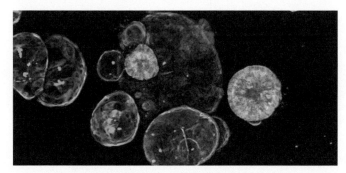

넥스트앤바이오가 연구하고 있는 오가노이드 모습. ⓒ 넥스트앤바이오

---

3 dongascience.donga.com/news.php?idx=20817

특수 독성 시험

신개발 및 기존 물질에 관하여 실험동물을 이용 임상 노출시 인체에 미치는 독성학적 영향을 예측할 수 있는 가장 기본적이고 주된 업무를 수행하는 분야이다. 주로 의약품, 건강기능식품, 화장품, 농약, 산업용품 및 기타 환경 오염 물질 등에 관하여 GLP 가이드라인(비임상 시험 관리 기준)에 따라 독성의 정도와 특성을 평가한다.

생식 능력이나 태아의 형태, 기능 발생에서의 영향을 조사하는 생식 발생 독성 시험, 유전 독성 시험, 발암성 시험, 환경 오염과 생태계의 영향을 조사하는 생태 독성 시험이 있다.

생식 발생 독성이란 부모 세대의 생식에 미치는 영향과 다음 세대의 발생 및 성장에 미치는 영향을 의미한다. 1960년대 초 탈리도마이드 복용에 따른 신생아 기형 유발 사건 등이 발생함에 따라 각 나라에서는 의약품 등의 화학 물질이 인간의 생식 능력에 미치는 부작용을 상세히 조사하도록 규정하고 있다. 임산부의 약물 남용, 음주 등에 기인한 기형아 출산, 유기 수은 중독에 기인한 태아의 여러 신경성 질환 등의 사건을 볼 때 생식 발생 독성 시험이 전임상 시험에서 차지하는 비중이 매우 크다고 할 수 있다.

유전 독성 시험은 유전적 장애를 만들어 내는 물질을 검출하기 위해 고안된 실험으로, 유전적 장애로는 DNA 손상, 돌연변이, 염색체 이상 등이 있다. 유전 독성은 발암성의 예측과도 관련이 있지만 유전 독성이 나타나지 않는 발암 물질이 있기 때문에 발암성을 예측하는 실험은 별도로 시행된다.

발암 물질은 우라늄(uranium), 라돈(radon), 석면(asbestos)과 같은 직접 발암 물질과 매연, 콜타르, 석유 피치(petroleum pitch, 석유 제품의 하나로 원유를 분별 증류한 부산물인 콜타르를 증류한 찌꺼기) 담배 연기 등에 고농도로 함유되어 있는 다환 방향족 탄화수소(polycyclinic aromatic hydrocarbon, 방향족 탄화수소의 화합물인 벤젠의 육각형 고리 여러 개가 연속적으로 연결되어 벌집 같은 형태의 분자 구조로 형성된 물질) 등이 있다. 발암성 시험에는 랫드(rat)와 마우스(mouse)가 주로 쓰이는데 최근에는 동물을 이용한 발암성 시험의 양성 결과가 반드시 사람에게 적용되기 어렵다는 견해가 점점 제기되고 있다. 이에 따라 최근 국제암연구소(IARC, International Agency for Research on Cancer)에서는 설치류의 발암 과정이 사람과 동일한지를 분명히 하도록 강조하고

경기도보건환경연구원이 물벼룩을 이용한 생태 독성 검사를 실시해 수질 환경 보호에 큰 효과를 거두고 있다. ⓒ 경기G뉴스

있다.

생태 독성 시험은 화학 물질이 자연환경에 들어갔을 때 화학 물질로 인하여 생태계 내에 있는 여러 종류의 생물에게 급성 및 만성 또는 직, 간접적으로 영향을 줄 수 있는 화학 물질의 내재적 독성을 평가한다.

담배 속 '발암 물질' ⓒ 태양 에듀몰

이 밖에도 화학 물질을 동물의 호흡기계(숨을 쉬기 위해 공기가 드나드는 통로와 가스 교환이 일어나는 기관)를 통해 생태에 노출시켜 작용을 확인하는 흡입 독성 시험(inhalation toxicity test, 호흡기를 통해 흡입된 물질이 일으키는 생체에서의 독성 작용을 평가하는 시험 분야로 흡입 의약품, 생물 의약품, 농약, 화학 물질, 환경 유해 물질 등의 흡입으로 인해 발생하는 독성을 확인하는 시험이다.) 등이 있다.[4]

---

4   《신 수의독성학》, 일본비교약리학 독성학회 저/ 전국수의과대학 수의약리, 독성학 교수협의회 역, 신일북스, 2011. p.33~76

화장품 개발을 위해 동물을 이용하는 실험은 왜 금지되었을까?

유럽 연합은 2004년에 화장품 완제품 단계의 동물 실험을 금지하고, 2009년에는 원료 단계의 실험도 금지하였으며, 2013년에 이르러 화장품 완제품 단계의 동물 실험을 전면 금지하는 법안을 발표했다. 대표적인 화장품 동물 실험은 피부 자극 시험과 안구 자극 시험이 있다. 피부 자극 시험이란 테스트 물질을 토끼의 피부에 바르는 방법이다. 토끼는 염증, 발진 같은 증상이 나타나며 결국 피부 조직이 파괴된다. 안구 자극 시험은 테스트 물질을 토끼의 눈에 직접 접촉하는데 이를 드레이즈 시험법(Draize test)이라고 부른다. 눈에 이물질이 들어가면 토끼가 몸을 심하게 움직이기 때문에 보통 토끼의 목을 고정시키는데, 결국 안구 충혈, 염증, 궤양 증세를 일으키거나 시력을 잃는 경우도 있었다. 그러나 근래에는 이런 정도의 농도로 실험하는 사례는 많지 않다고 한다. 오랫동안 유럽 연합에서 화장품 동물 실험 금지에 관해 논의했던 이유는 화장품의 원료나 완제품의 실험 데이터가 이미 충분히 많고, 그에 비해 동물의 고통이 너무 크기 때문이다.

토끼는 눈물의 양이 적고 눈 깜빡거림이 거의 없어 드레이즈 시험법에 주로 사용된다.

한편, 2007년에 이스라엘이 화장품 동물 실험을 금지했으며, 2013년에는 동물 실험을 한 화장품의 판매를 금지하였다. 인도는 2013년, 대만은 2016년에 화장품 동물 실험을 금지하였다. 한국에서도 '화장품 동물 실험 금지 법안'이 2016년 12월 31일 국회를 통과하고 1년간의 유예를 거쳐 2017년 2월부터 시행되고 있다. 예외 조항이 조금 있지만 사실상 거의 금지라는 방향으로 가고 있다. 아모레퍼시픽이 2013년 5월에 동물 실험 중지를 공식 선언한 이후 실험하지 않는 기업은 점점 늘어나고 있다. 중국의 경우에는 2014년 6월부터 중국식품약품감독국(CFDA)이 중국 내 비특수 용도 화장품 및 일용 제품에 관한 동물 실험을 강요하지는 않고 있다. 하지만 CFDA는 제품 안전성을 확보하기 위해 기타 화장품과 수입 화장품에 관해서는 동물 실험을 요구하고 있다. 그러나 최근 외국의 비동물 실험 화장품이 늘어나면서 수입을 위해 동물 실험 금지 규정을 만들기 위해 노력하고 있다고 한다. 전 세계적으로 화장품 동물 실험이 줄어들고 있는 것으로 보인다. [5]

화장품 동물 실험 중단을 촉구하는 한국동물보호연합의 퍼포먼스.
ⓒ 한국동물보호연합

---

5 www.thebk.co.kr/news/articleView.html?idxno=184979
   www.beautynury.com/news/view/72320/cat/10/cat2/10400/page/1

비건(vegan) 화장품이란?

비건이란 일반적으로 채식주의를 의미하지만, 화장품 동물 실험이 전 세계적으로 금지 추세가 되면서 동물성 원료나 동물 실험을 하지 않는 화장품이 새로운 트렌드로 떠올랐다. 미국의 시장 조사 기관 그랜드뷰리서치에 따르면 전 세계 비건 화장품 시장 규모는 2025년에 208억 달러(약 25조 원)에 이를 것으로 예측하고 있다.

프랑스에는 비건 인증 기관인 EVE(Expertise Végane Europe)가 있다. EVE는 비건 제품 및 서비스의 제어를 전담하는 독립 기관이다. 유럽과 해외의 식품, 화장품, 섬유 산업에서 원자재, 제품, 서비스에 관한 적합성 증명서를 발급하고 있다. EVE VEGAN® 인증은 동물 친화적인 제품을 찾는 유통업체와 소비자에게 제공된다. EVE에서 비건 인증을 받기 위해서는 비(非)동물성 유래 원료를 사용해야 하고, 비동물성 실험 원료 및 완제품을 사용해야 한다. 또한 CMR(발암성·생식 독성·생식 세포 변이 원성) 물질이 포함되어 있지 않고, 비동물성 포장재 및 패키지로 제작되어야 한다. 영국에도 '비건 소사이어티(The Vegan Society)' 인증이 있다. 비건 소사이어티 인증을 받기 위해서는 제조 과정부터 동물 실험이 없어야 하는 것은 물

비건 관련 인증 마크.
ⓒ한국 비건 인증원

론이고 원료와 패키지까지 동물성 성분을 사용하지 말아야 한다. 동물 실험은 물론이고 테이프나 비닐같은 환경에 유해한 재료를 사용하지 않고 종이 완충재를 사용하는 제품들도 출시되고 있다. 동물을 보호하고 싶어 하는 사람들이 늘어나고 있고, 이는 단순히 실험용 동물뿐 아니라 전체 지구 환경을 생각하는 추세로 발전하고 있다.

동물 실험을 하지 않은 제품 로고

© jaga.or.kr

꼼꼼 짚어 생각 정리하기

1. 동물 실험에는 어떤 종류가 있으며 주로 어떤 실험이 이루어지고 있는지를 살펴봅시다.

동물 실험에는 크게 의학용 실험, 독성 실험이 있습니다. 독성 실험에는 일반 독성 시험과 특수 독성 시험이 있습니다.

일반 독성 시험은 다시 단회 투여 독성 시험과 반복 투여 독성 시험으로 나눠지며, 기타 일반 독성 시험은 국소 자극성 시험이나 혈액 및 뇨 등 생체 시료의 채취와 장기 사육 관리 등이 있습니다. 특수 독성 시험에는 생식 발생 독성 시험, 유전 독성 시험, 발암성 시험, 환경 오염과 생태계의 영향을 조사하는 생태 독성 시험 등이 있습니다.

2. 화장품 동물 실험이 전 세계적으로 금지된 이유에 관해 알아봅시다.

유럽 연합에서 화장품 동물 실험 금지에 관해 논의했던 이유는 화장품의 원료나 완제품의 실험 데이터가 이미 충분히 많고, 그에 비해 실험으로 인한 동물의 고통이 너무 크기 때문입니다. 유럽 연합은 2004년에 화장품 완제품 단계의 동물 실험을 금지하고, 2009년에는 원료 단계의 실험도 금지했으며, 2013년에 이르러 화장품 완제품 단계의 동물 실험을 전면 금지하는 법안을 발표했습니다. 이 외에도 이스라엘이 2007년에 화장품 동물 실험을 금지했고, 2013년에는 동물 실험을 한 화장품의 판매를 금지하였으며, 인도는 2013년에 그리고 대만은 2016년에 각각 화장품 동물 실험을 금지하였습니다

4부

동물 실험에 관한 찬반양론

1장 동물 실험을 둘러싼 철학적 쟁점

전 세계적으로 실험용으로 쓰이는 동물은 최소 2억 마리 이상일 것으로 추정하고 있다. 우리나라의 경우 매년 급증하고 있어서, 연간 약 488만 마리 이상(2021년 농림축산검역본부 통계)의 동물이 실험용으로 쓰인다. 법적으로 동물 실험은 학대 규정에서도 예외이고, 의약품의 개발이나 의학 연구에서 중요하게 활용되고 있다. 그러나 동물 실험은 인간의 이익을 위해 인간이 아닌 다른 종에게 고통을 주기 때문에 윤리적인 비판의 목소리가 계속해서 일고 있다.

우리가 만약 길거리에 있는 물건을 발로 찬다면 그것을 도덕적으로 나쁘다고 하는 사람은 없다. 그러나 우리가 살아있는 동물을 때린다면 도덕적으로 나쁜 행동이라고 비난을 받게 될 것이다. 물건과 동물은 무생물과 생물이라는 차이가 있고, 인간과 마찬가지로 동물은 고통을 느낄 수 있다고 누구나 상식적으로 생각한다.

동물 실험은 인간이 동물과 평등한 관계에서 서로 합의한 것이 아니라는 점에서 우선 비판의 대상이 된다. 동물은 인간을 위해 기꺼이 자신을 희생하겠다고 말한 적이 없다는 것이다. 또한 인간이 자신의 건강을 위해 동물에게 고통을 준다는 점에서 윤리적으로 문제가 될 수 있다. 인간을 위해 동물을 희생시켜도 된다는 권한은 과연 어디에서 나왔는가?

이런 의문에 관해 두 가지의 견해가 있을 수 있다. 첫째는 인간이 자신의 이익을 위해 동물을 일방적으로 이용할 권리는 없다는 것이다. 따라서 동물 실험은 매우 비윤리적인 것이라는 주장이다. 둘째, 만약 인간의 이익이 반드시 필요하고 그 과정이 올바르다면 어느 정도 동물을 이용하는 것은 허용된다는 주장이다. 첫 번째 주장을 하는 대표적인 철학자로 톰 리건(Tom Regan)이 있다. 톰 리건은 1983년 《동물권 옹호(The Case for Animal Rights)》라는 책을 냈는데, 그는 동물 역시 인간처럼 삶

톰 리건은 동물도 하나의 생명체로서 '어떠한 고통도 허용될 수 없다.'고 주장했다.
© rainerebert.com

의 주체이며 그 자체로 가치가 있기 때문에 인간처럼 도덕적 권리가 있다고 주장했다. 리건의 생각에 따르면 인간이 동물을 실험에 이용하는 것은 동물을 삶의 주체로 인정하지 않는 것이기 때문에 도덕적으로 옳지 않은 행위가 된다는 것이다.

두 번째 주장을 하는 대표적인 철학자로는 피터 싱어(Peter Singer)가 있다. 그는 공리주의자(Utilitarian)로서 동물에게도 도덕적으로 배려해야 한다는 주장을 전 세계적으로 처음 했던 제레미 벤담(Jeremy Bentham)을 이은 철학자이다. 피터 싱어와 같은 공리주의에 따르면 쾌락이나 고통을 느낄 수 있는 모든 존재는 도덕적으로 배려해야 할 대상이 되기 때문에 인간처럼 동물 역시 배려해야 한다고 본다. 그러나 공리주의는 결과를 중요하게 보기 때문에 동물을 희생하여 인간에게 이익이 될 수 있다면 희생에 따른 이익이 클 때에만 허용될 수 있다고 한다.

피터 싱어, 미국 프린스턴대학 교수

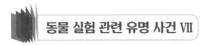

동물 실험을 대체하고 3R을 실연하기 위안 전 세계적 정책 동향

3R을 실현하기 위해 전 세계적으로 통용되고 있는 지침이 있다. 미국국립연구위원회(NRC, National Research Council)는 1963년 '실험동물의 관리와 사용에 관한 지침(Guide for the Care and Use of laboratory Animals)'을 발표하였다. 이것은 2010년까지 8차례 개정되었고 국제적으로 널리 쓰이고 있다. 미국에서는 공공 보건 서비스 정책에 따라 모든 기관에서 의무적으로 사용하도록 하고 있다. 유럽실험동물협의회(FELASA, the Federation of European Laboratory Animal Science Associations)도 실험동물의 관리와 활용에 관한 지침과 권고 사항을 수립하고 제시하였다. 구체적으로는 동물에 관한 헬스 모니터링 권고 사항, 실험동물 관련 인력에 대한 교육 지침, 실험동물의 수의학적 관리 지침, 헬스 모니터링 프로그램과 시험 시설에 관한 인증 지침, 실험동물의 국가 간 이동 시 헬스 모니터링 보고에 관한 지침 등이다.

국제실험동물관리공인협회(AAALAC International, Association for Assessment and Accrediation of Laboratory Animal Care International)는 실험동물에 관한 관리 프로그램에 대한 국제적 인증을 수행한다. AAALAC은 자발적인 인증 평가 프로그램을 만들어 운영하는 비영리기구이지만, 전 세계적으로 인정받고 있

국제실험동물관리공인협회(AAALAC) 인증 로고

어 2019년 기준으로 47개 국가에서 1,000여개 이상의 대학, 병원, 회사 등에서 인증을 취득했다. 우리나라의 경우, 서울대병원, 삼성서울병원, 연세대학교, 안전성평가연구소(아시아 최초), 국립암센터 등에서 인증을 받았다.

EU는 화장품 개발 시 안전성 평가에 관한 동물 실험을 금지하고 동물 실험을 통한 화장품 판매를 금지하였고, 유효성과 안전성 평가를 위한 대체실험법 개발을 위해 노력하고 있다. 2016년부터 EU는 약 400억원(3,000 유로)을 투입하여 대체기술 개발을 위한 독성 위험(TokRisk) 프로젝트에 착수하였다.

OECD는 인간 배양 세포를 이용한 피부자극 대체실험법 등 2016년 기준으로 33개의 대체법 가이드라인을 개발하였다. 또한 2004년 미국 국립연구위원회(NRC)는 독성 평가의 효율성을 높이는 21세기 독성연구비전(TOX21)을 제시하였다. 우리나라는 식약처 산하에 한국동물대체시험법검증센터를 만들어 미국, 유럽, 일본 등과 함께 국제 동물대체시험법 가이드 개발에 나서고 있다.[1]

오송첨단의료산업진흥재단 실험동물센터. © 충북넷

1   〈실험동물 공유 활용 동향〉, 김종란, 김한해, 한국과학기술기획평가원, 2019. p.10~11

동물 실험 옹호 주장

동물 실험이 필요하다고 말하는 사람들의 대표적인 주장은 다음과 같다. 첫째, 인간과 동물은 생물학적으로 유사하다는 것이다. 인간과 유인원, 영장류는 유전자의 97% 이상이 같다. 또한 실험용으로 쓰이는 대부분의 동물은 척추동물로, 생리학적으로나 유전학적으로도 인간과 유사한 점이 많다. 새로운 의약품을 개발할 때 안전성을 테스트해 볼 필요가 있는 것은 의약품은 화학적 합성물로 질병을 치료할 수 있는 동시에 자체적인 독성도 가지고 있기 때문이다. 그러므로 생체 내에서 어떻게 작용할지는 미리 실험해 볼 필요가 있는 것이다. 그렇다고 해서 인간의 몸에 처음 실험해 보는 것은 자칫 사회적 파장을 불러일으킬 수 있다. 따라서 무생물이 아닌 생물에게 불가피하게 미리 실

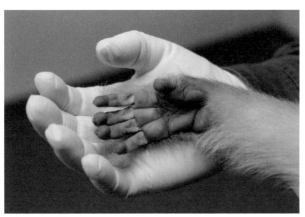

붉은털원숭이와 장갑을 낀 연구원이 손을 마주했다. 원숭이와 사람은 많은 공통점을 발견할 수 있다. ⓒ국가영장류센터

험해 볼 수밖에 없다는 주장이다.

동물 실험을 옹호하는 주장에는 다음과 같은 논리가 있다. 첫째, 인간과 동물은 생물학적으로 유사하다는 것이다. 실험동물은 거의 대부분 척추동물을 사용하며, 생리학적으로나 해부학적으로도 동물과 인간은 실제로 유사하다. 신약이나 독성 물질에 관한 동물의 반응을 인간에게 적용할 때 인간과 동물이 유사하다는 점은 실험을 정당화하는데 유리하긴 하지만 윤리적으로 보면 그렇지만은 않다. 종의 유사성 때문에 실험할 수 있고, 또 그 실험이 정당하다고 한다면 인간에게 실험하는 것이 결과적으로 더 확실하기 때문이다. 그러나 인간에게 실험할 수 없을 뿐만 아니라 인간과 생물학적으로 유사한 종일수록 인간은 동물 실험의 대상으로 삼을 때 심리적으로 더욱 어려움을 느끼게 된다.

둘째, 인간의 생명과 건강을 위해서는 동물 실험이 꼭 필요하다는 논리다. 사실상 20세기 항생제, 백신 개발 등 수많은 의학 연구에서 동물 실험은 많은 역할을 했다. 동물 실험의 결과로 백신이 보급되었고, 천연두나 소아마비와 같은 질병은 거의 사라지게 되었다. 사실 새로운 질병이 발견되면서 새로운 백신이나 약품은 지속적으로 개발되고 있다. 생체를 통해 안전성을 평가해야 할 때 인간을 통해 실험한다면 엄청난 비난이 쏟아질 것

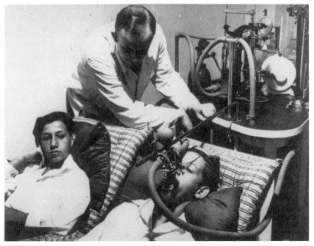

나치가 실험한 '쌍둥이 실험'은 1,500쌍의 쌍둥이를 대상으로 눈에 화학물을 주사하거나 쌍둥이의 몸을 억지로 바느질해 붙이려는 등 경악스러운 실험으로 200명만이 살아남았다고 한다. ⓒ 동아일보

이다. 무엇보다 "누가 실험의 대상이 될 것인가?"라는 질문을 던져 볼 수 있다.

나치의 생체 실험에 동원된 사람들은 자발적으로 실험 대상이 되지 않았다. 가난하거나 약자이거나 죄수일 가능성이 높다. 돈을 벌기 위해 실험에 참여한다면 실험에 참여하는 사람은 자유 의지가 아닌 경제적 이유에서 억지로 참여하게 된다. 만약 죄수를 참여시킨다 해도 이 방법은 불법이 될 수 있다. 무엇보다 인간이 인간을 이용한다는 점은 윤리적으로 큰 문제다. 결국 실험이 어쩔 수 없이 이루어져야 한다면 인간이 아닌 다른 생물의 생체를 이용할 수밖에 없는 것이다. 동물 실험을 통해 인간에게

프레더릭 밴팅

필요한 약물을 개발해 치료가 가능하게 되었다면 동물 실험은 반드시 필요한 일이 되는 것으로 볼 수 있다.

실제 사례도 충분하다. 1937년 임상 실험을 하지 않고 사람에게 바로 항생제를 사용하여 107명이 부작용으로 사망한 사례 (설파닐아미드 사태)가 있었다. 또한 최근에는 한국에서도 사람에게 큰 피해를 준 가습기 살균제 사고도 이와 비슷하다. 가습기 살균제는 이후 동물 실험 결과 사고의 원인을 파악할 수 있었다. 1922년 의학자 밴팅(Frederick Grant Banting)은 당뇨병의 치료제인 인슐린을 최초로 발견하였다. 인슐린의 발견으로 인해 수많은 사람들이 목숨을 건졌다. 92마리의 개를 실험에 사용하였고, 밴팅은 1923년 캐나다 최초로 노벨상을 받았다. 러시아의 생물학자

매치니코프

메치니코프(Metchnikoff, Élie)는 원숭이 실험을 통해 백혈구를 발견
했고, 플레밍(Alexander Fleming)은 쥐 실험을 통해 페니실린 발견 논
문을 발표하여 노벨상을 수상하였다.[2]

셋째, 동물 실험 외에 별다른 대책이 없다는 입장이다. 동물
을 이용하지 않고 할 수 있는 실험으로는 조직 배양 실험을 하
거나 컴퓨터 프로그램을 이용하거나, 임상 연구, 역학 조사, 사체
이용 등의 방법이 있다. 그러나 현실적으로 이런 방법들만으로
는 신약을 개발하거나 암을 연구하는 등 새로운 의생명 과학 연

---

2   www.sciencetimes.co.kr/?news=92마리째-개의-췌장에서-얻은-인슐린

구에 많은 한계가 있다. 인간이나 동물의 몸은 그야말로 유기체로, 질병의 원인도 다양하고 원인체에 따라 개인별로 반응이 다르다. 약물은 새로운 화학적 합성물로 인간의 생체에 들어가 어떤 작용을 할지 단순하게 예측하기 어렵다. 이러한 이유로 새로운 대체법이 개발되기 전까지 동물 실험은 어쩔 수 없이 진행되어야 한다는 입장이다.

연구자들은 새로운 백신이나 약품이 유기체의 신체 기관 전체에 어떤 영향을 끼치는지 알고 싶어 하는데, 조직 배양이나 컴퓨터 모의실험으로는 그런 지식을 얻을 수 없다. 심장이 뛰거나 관절이 있는 동물에서 실험을 해야 하는 경우는 그런 것을 실제로 구현할 수 없는 조직이나 컴퓨터로는 불가능한 것이다. 따라서 대체 실험은 동물 실험의 대안이 아니고 실험을 보완하는 수준에 머물 수 밖에 없다.

대안을 찾는 노력을 꾸준히 할수록 효율적인 대안을 발견할 가능성이 높아질 것이다. 신뢰성 있는 대안을 찾는다면 실험의 윤리적 논쟁을 부분적으로 잠재울 수 있을 것이다. 동물 실험을 옹호하는 입장에서는 실험 자체가 의학 발전의 충분조건일 뿐만 아니라 필요조건이라고 주장한다. 이제까지의 동물 실험이 없었다면 과연 지금과 같은 의학 발전이 있었을까? 이는 단정적으로 말하기 어려운 부분이기도 하다. 동물 실험 옹호론이 성공하기 위해서는 앞서 주장한 전제들의 참이 모두 입증되어야 할 것이다.

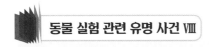
컴퓨터 알고리즘으로 동물 실험을 줄일 수 있다!

2018년 〈독성 과학(Toxicological Sciences)〉이란 이름의 국제 저널에 존스홉킨스 대학 블룸버그 보건대학원의 과학자들이 이제까지 알려진 화학 물질의 데이터를 조사하여 화학 구조와 독성 간의 관계를 밝힌 논문이 게재되었다. 연구팀은 컴퓨터에 기반한 예측으로 동물 실험보다 더 신뢰할 수 있는 결과를 얻었다고 밝혔다. 연구자들은 일반적인 독성 실험 중 9가지 테스트에서 컴퓨터 알고리즘으로 87%의 정확도를 끌어냈다. 동일한 실험에서 동물을 사용했을 경우 정확도는 81%였다.

화학물의 데이터베이스를 사용하는 것은 새로운 화합물과 구조가 유사한 소수 화합물의 특성을 바탕으로 새로운 독성을 예측하는 방법인데 우선 이 과정을 객관적으로 만들 필요가 있었다. 연구자들은 2년간 80만 번의 개별 독성 실험에 기초한 화학 혼합물 1만 개의 특성과 구조를 끌어냈다. 그리고 화합물이 피부 자극이나 DNA 손상 같은 독성 효과 가능성이 있는지를 파악하는데 필요한 소프트웨어를 개발하였다. 이에 따라 미국 식품 의약국 및 환경 보호국은 이런 교차 해석 방식이 화학 물질의 안전성을 평가하기 위해 사용하는 동물 실험의 상당한 부분을 대체할 수 있는지 시험하고자 공식적인 평가를 시작했다. 독성학에 있어서 빅데이터를 적절하게 활용하면 직접적으로 동물 실험을 줄이고 실험에 들어가는 비용도 줄일 수 있다는 것이 연구자들의 설명이다.[3]

쟁점 동물 실험을 넘어, 첨단 과학으로 질병을 예측한다. : 안젤리나 졸리가 유방 절제술을 받은 이유는?

---

3 newspeppermint.com/2018/07/18/algorithmreplaceanimaltesting/

동물 실험의 목적이 결국 과학의 발전과 인류의 건강을 위해서라고 한다면 발전하고 있는 첨단 과학의 힘으로 인간의 질병을 예측하고 이에 대처할 수 있기를 기대하는 과학자들도 많다. 많은 질병이 세포와 유전체 단위에서 발생하는데 2000년대 초 휴먼 게놈 프로젝트 이후 한 사람의 유전자 정보를 해독하고 분석 가능하게 되면서 유전자 단위에서 질병을 예측할 수 있게 되었다. 그러나 문제는 비용이었다. 초기에는 한 사람의 유전체 분석에 3만 달러 이상이 들었지만 지금은 1000달러 정도까지 비용이 낮아졌다. 사실 유전자 정보는 디지털 데이터이다. DNA염기 서열이 아데닌(A), 티민(T), 구아닌(G), 시토신(C)의 네 가지 문자열의 조합이기 때문이다. 따라서 IT 기술의 발달로 헬스케어 분야는 개인의 유전자에 내재된 염기 서열을 분석하여 질병을 예측하고 조기에 진단, 빠른 치료까지 가능하도록 폭발적으로 발전하고 있다. 유전자를 분석하기 위해서는 우선 DNA를 짧게 자른 후 염기 서열 정보를 시퀀싱을 통해 해독하고 이것을 컴퓨터를 이용해 조립, 분석한다. 그리고 DNA가 가지는 변이 과정을 찾게 된다. 이 유전자 정보의 활용은 다양할 수 있는데, 의료 분야에서는 유전 정보 전

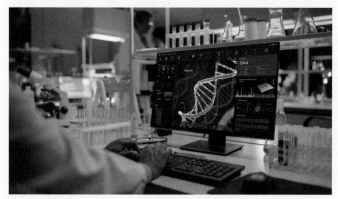

유전자 분석 소프트웨어를 사용하여 연구하는 과학자

체를 분석하거나 단백질을 만들어내는 엑솜 부분만 분석하는 방법을 취할 수도 있다. 그러나 이는 개인적으로는 비용적 부담이 있기 때문에 개인을 위한 서비스로는 유전자의 일부분만을 분석하는 단일 염기 서열 방법이 활용되고 있다.

안젤리나 졸리는 유방 절제술을 받은 것으로 한때 화제가 된 적이 있다. 굳이 그렇게까지 했어야 했냐는 논란이 있었지만 안젤리나 졸리가 유방 절제술을 받게 된 배경은 유전자 검사에 있었다. 졸리의 어머니는 10여 년간 난소암 투병을 했었고 졸리는 어머니에게서 BRCA1라는 유전자를 물려받은 것으로 검사 결과 나타났다. BRCA란 유방 종양을 억제하는 유전자인데, 이 유전자가 변이되면 돌연변이 세포를 막지 못해 유방암의 위험이 커진다. 절제술을 받은 이

안젤리나 졸리

후 안젤리나 졸리의 유방암 발병 확률은 87%에서 5%로 떨어졌다.[4]

유전자 검사는 혈액 검사로 간단하게 할 수 있고 검사 후 결과는 4주에서 8주 정도 걸린다. 이 검사를 통해 BRCA 돌연변이 유전자 보유 여부를 파악할 수 있으며, 다른 질환도 예측 가능하다. 만약 검사를 통해 BRCA 유전자 변이가 있다면 유방 전문의 진찰과 초음파·MRI 등의 영상 검사, 종양 표지자 혈액검사, 난소암 검진을 받아야 한다. 조기에 발견하면 100% 완치가 가능하다는 점에서 유전자 검사는 질병을 조기에 진단하여 발병 위험을 알고 더 주의 깊게 관리함으로써 질병을 극복할 수 있는 중요한 환경을 제시한다.

---

4   헬스조선, '안젤리나 졸리의 예방적 유방 절제술, 꼭 필요한 것인가?'란 기사 참조.

동물 실험 반대 논리

동물 실험을 찬성하는 측의 논리는 동물과 인간이 유사하므로 동물을 대상으로 한 실험 결과는 인간에게 적용 가능하다는 주장이다. 그런데 동물 실험을 반대하는 측에서는 바로 이 점 때문에 동물 실험은 더욱 비윤리적이라고 주장한다. 인간과 동물이 유사하다면 동물도 인간처럼 고통을 느끼는 만큼 동물에게 실험하는 것은 옳지 않다는 견해이다. 게다가 동물과 인간의 유사성이란 무엇을 기준으로 놓고 보느냐에 따라 다를 수 있다. 인간과 조류와 포유류는 모두 같은 척추동물이지만 차이가 분명히 있고, 생리학적 및 해부학적 공통점과 차이점이 모두 있다. 무엇이 같고, 무엇이 다르다고 할 것인가? 인간과 침팬지는 약 98%, 오랑우탄과는 97%의 유전자를 공유하고 있다. 즉 인간은 유인원과 2~3%의 차이가 나는 셈이다. 98%, 97%의 유사성 때문에 실험할 수 있다는 근거가 되지만, 1%의 차이는 무시할 수 없다는 견해도 많다. 인간의 경우 유전자 내에 하나의 염기 서열만 달라져도 변이가 발생하고 심지어 심각한 유전적 질병이 발생하기도 한다. 유전자의 측면에서 보면 사람과 다른 동물 실험은 100% 믿을 수 없게 된다.

대표적인 사례가 앞에서 언급한 탈리도마이드(thalidomide) 약화 사고이다. 1950년대 말 독일에서는 임신부의 메스꺼움(입덧)을 해결하기 위해 탈리도마이드라는 약을 시판했다. 물론 동물 실험을 통해 안전성 테스트도 마친 상태였다. 그러나 기형아들이 계속 태어났고 과학자들은 다른 동물들에게 다시 재현을 시도해 보았다. 그런데 토끼는 인간에게 투여한 분량보다 25~300배 투여하고 나서야 기형아가 태어났다. 충분한 동물 실험을 거치지 않아서 문제라기보다 동물 실험의 결과를 과연 신뢰할 수 있는지가 의심스러웠다. 심지어 결과는 종마다 달랐다. 어느 정도의 분량을 어떤 종에게 각각 투여해야 인간에게 투여한 것과 같다고 볼 수 있을까?

두 번째, 동물 실험이 과연 인간에게 이익이 되는지에 관한 반론을 생각해 보자. 역사적으로 눈부신 의학 발전의 과정에서 많은 동물 실험이 있었다. 그러나 모든 동물 실험이 인간에게 이익이 되기 때문에 100% 옳다고 주장할 수 있을까? 공리주의의 논리를 통해 어떤 점을 고려해야 할지 생각해 보자.

공리주의(功利主義)는 동물 실험을 통해 동물에게 주는 고통이 있지만, 실험의 결과로 얻는 이익이 훨씬 크다면 동물 실험은 가능하다고 주장한다. 그러나 여기에는 인간의 이익이 사소한 것인지, 아니면 아주 큰 이익을 주는지 비교해야 한다. 또한, 동물의 고통이 어느 정도 큰지, 고등 동물인지, 하등 동물인지도 비교해 볼 필요가 있다. 인간이 고기를 먹기 위해 동물을 도살한다고 볼 때, 알래스카에서 고기 외에는 먹을 것이 없는 이누이트(Innuit) 부족의 경우에는 동물을 먹지 않고는 생존할 수 없으

니 이런 인간의 이익은 크다고 볼 수 있다. 그러나 스포츠를 위한 사냥의 경우 즐거움과 오락을 위한 것이나, 결과적으로 동물의 고통은 죽음이니 스포츠 사냥은 인간의 이익이 크다고 보기 어렵다. 화장품 동물 실험의 경우, 이미 많은 원료가 실험을 거친 만큼 더 이상의 실험을 할 이유가 없는 상태가 되었다. 그럼에도 불구하고 실험을 진행한다면 이는 불필요한 고통을 동물에게 주는 결과가 된다. 만약 신약 개발처럼 어쩔 수 없이 실험을 해야 한다면, 어떤 동물에게 고통을 주지 않도록 더 배려해야 할지도 고려해 볼 만하다. 마우스와 랫드도 척추동물로 통증을 경험할 수 있지만, 영장류처럼 인간과 유사한 자의식(self-consciousness)까지는 없다고 보기 때문에 영장류에 비해 마우스와 랫드를 실험용으로 쓰는 것을 생각해 볼 수 있다. 실제로 영장

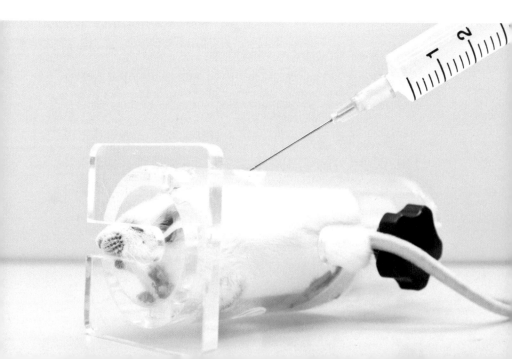

류를 반드시 써야 하는 특수한 실험이 아닌 이상 영장류처럼 인간과 가까운 동물을 쓰는 것은 지양할 필요가 있다.

동물 실험을 통해 얻은 이익과 성공 사례들이 있으나, 실패의 경험도 있다. 동물 실험이 인간에게 반드시 이익을 주기 때문에 무조건 찬성하기보다 세심한 배려가 필요하다는 것이 공리주의자들의 생각이다. 동물이 실험을 통해 겪게 되는 고통은 확실하게 눈에 보이는 것들이다. 그러나 실험을 통해 얻게 되는 이익은 빠르게 결과가 나오지 않는다. 실제로 동물 실험의 과정에서 실험의 결과가 과장된 사례도 없지 않다.

소아마비(polio)는 어린아이의 근육을 마비시키는 치명적인 바이러스(polio virus)에 의한 질병이다. 미국에서만 백신이 개발되기 전에는 매년 20,000명의 아이가 소아마비로 장애를 가지게 되거나 죽었다고 한다. 1960년대 초에 백신이 개발되면서 감염 환자 수는 급격히 줄었다. 이 과정에서 약 1백만 마리의 원숭이가 인도에서 수입되었다고 한다. 그런데 이 때문에 붉은털 원숭이(rhesus monkey)의 개체 수는 급격히 감소하게 되었다. 실험자들은 원숭이 연구를 통해 사람에게서 바이러스가 코를 통해 전염될 것이라고 보았다. 그러나 사실 인간의 바이러스는 장에서 발견되었다. 임상에서 즉, 인간 연구에서 발견한 것이다. 하지만 임상 연구 결과는 무시되었다. 오랜 실험 끝에 원숭이는 비강 감염에 취약하였고, 감염 경로가 인간과 다르다는 사실을 알게 되었다. 결국에 백신 개발은 방향이 바뀌게 되었다. 동물 실험에 관해 회의적인 사람들은 동물 실험을 무작정 진행하기보다 임상에서의 연구에 먼저 집중했다면 시간과 비용을 줄일 수 있었을 것이라고 주장한다. 그 과정에서 무의미한 동물들이 다수 희생되었기 때문이다.[5]

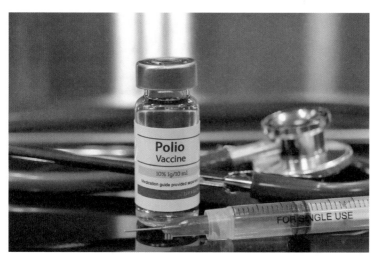
소아마비 백신

5 〈Welfare of Animals used in Education, Research and Testing〉, Dr Caroline Hewson, WSPA(World Society for the Protection of Animals), 2007.

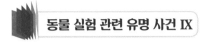

동물 실험 관련 유명 사건 Ⅸ

침팬지에게 권리를. 실험실에서 침팬지를 구하라

1976년 미국 텍사스의 한 연구시설에서 태어난 암컷 침팬지가 있었다. 그의 이름은 폭시였는데 당시 폭시는 백신 연구 개발을 위해 사용되어 늘 좁은 방에 가둬져 살고 있었고, 아이를 낳았지만 아이조차 뺏기게 된다. 아기들도 실험에 이용될 운명이었기 때문이다. 폭시가 실험실을 벗어나게 된 것은 2008년이었다. 제약업체가 실험실을 폐쇄하면서 7마리의 침팬지는 침팬지 보호소로 가게된다. 처음에 폭시는 동료 침팬지는 물론이고 인형이나 장난감에도 관심을 보이지 않았다고 한다. 그런데 어느날 폭시는 트롤 인형에 관심을 가지게 되었고 어디를 가든 그 인형을 데리고 다녔다고 한다. 마치 아기를 돌보는 엄마의 모습이었다. 이 소식을 알게 된 많은 시민들은 폭시의 생일에 늘 트롤 인형을 보내주곤 했다. 폭시의 사연은 많은 사람들에게 영향을 주었다. 침팬지 같은 동물을 과학이라는 이름으로 실험에 이용하는 것은 옳지 않다는 여론이 일었다.[6]

트롤 인형을 안고 있는 폭시. ⓒ 인사이트

6　nownews.seoul.co.kr/news/newsView.php?id=20150120601026

침팬지는 오랑우탄과 같이 유인원류에 속한다. 진화의 과정에서 인간과 가장 가까운 동물이며 유전자도 인간과 1.6%만 다를 뿐이다. 무엇보다 침팬지는 인간처럼 자의식을 가지고 지능이 뛰어나며 무리 생활을 한다. 좁은 실험실에 가둬 두고 키움으로써 침팬지가 받는 정신적 트라우마와 외상은 침팬지를 대상으로 한 실험으로 얻는 이득보다 심각하다는 여론은 오래전부터 있었다. 이런 이유에서 이미 2003년 네덜란드를 시작으로 전 유럽에서는 이미 유인원 실험이 금지되었고 미국 역시 침팬지를 이용한 의약품 개발이 중단된 상태다.

침팬지가 인간과 가장 가까운 동물이기 때문에 침팬지에 관한 보호 여부는 법정까지 가게 된다. 동물권리 변호사 스티븐 와이즈가 이끄는 '논휴먼 라이츠 프로젝트'(NhRP, Nonhuman Rights Project)는 2013년 뉴욕 주 알바니 외곽 글로버스빌에 있는 트레일러 주차장과 나이아가라 폭포 영장류 보호 구역에서 우리 안에 갇힌 이 침팬지들을 플로리다주에 있는 대규모 야외 보호 구역으로 옮겨

영화 '철장을 열고'에서 스티븐 와이즈 변호사가 침팬지 테코를 안고 있다.
ⓒ 논휴먼 라이츠 프로젝트(NhRP)

야 한다고 주장하며 소송을 제기했다. 와이즈 변호사는 뉴욕 주에 있는 대학교에서 연구 목적으로 갇혀 지내는 침팬지를 대상으로 인신 보호 영장을 내달라고 소송을 제기한 것이다. 불법 구금에 관해 청구하는 인신 보호 영장이란 영미법에 근거한 것으로, 발부되면 피구금자를 석방할 수 있는 제도이다. NhRP는 침팬지에 관해 인신 보호 영장이 발부되면 동물원이나 개인 소유 등 자율성이 존중되지 않는 공간에서 침팬지들을 석방시킬 수 있고, 당장 야생으로 돌려보낼 수는 없어도 유인원 보호소 등 더 자율성이 보장되는 공간으로 이동시킬 수 있다고 보았다. 뉴욕 법원은 침팬지들이 법적 의무를 수행할 능력이 없다는 점을 들어 인신 보호 영장을 기각했다. 와이즈 변호사가 침팬지가 자율적 삶을 살아야 한다고 강조하는 이유는 침팬지가 내일도 자신이 철장에 갇혀 있을 것을 아는 존재이기 때문이다. 그러나 소송은 항소심까지 패소했다. 법원은 침팬지에게 인간과 같은 권리를 보장할 수는 없다는 결론을 내렸다.[7]

인간이라면 아무 죄 없는 누군가를 좁은 곳에 가둬 놓고 살게 한다면 가둔 자는 법적 처벌을 받게 될 것이다. 아직까지 우리 사회는 침팬지에게 인간과 같은 권리를 주지 않고 있다. 그러나 분명한 것은 더 이상 실험실에 갇힌 침팬지는 없다는 사실이다. 침팬지처럼 인간과 거의 동일한 동물을 이용할 필요가 없어졌기 때문이기도 하다.

---

7   www.ohmynews.com/NWS_Web/View/at_pg.aspx?CNTN_CD=A0002060172

동물 실험 외에 과학 연구를 위해 주목해야 할 대안

○ 환자에 관한 임상 연구

인류의 질병을 연구하는데 사실 가장 좋은 방법은 실제로 질병에 걸린 사람을 대상으로 한 것이다. 기본적으로 동물은 인간과 여러 면에서 다르기 때문이다. 의사들의 다양한 임상 경험이 제대로 공유될 수 있다면 이보다 더 좋은 정보는 없을 것이다. 실제로 임상 연구를 위한 과정은 신약을 연구할 때 지원자들을 대상으로 진행되고 있다. 물론 대부분의 국가에서 이 과정에는 엄격한 지침이 적용된다. 연구자들은 임상 연구 신청자들을 대상으로 일정한 약을 투여하고 호흡, 심장 박동, 혈액, 소변 등에서 나타나는 영향을 모니터링하게 된다. 그리고 이후 신중하게 투여량을 조정한다. 이런 일련의 과정을 통해 약이 인간의 체내에서 안전하게 대사되기 위한 양이 결정된다. 결국 가장 정밀한 정보는 인간의 신체를 통해 결정되는 것이다. 물론 임상 연구는

임상 연구를 하고 있는 모습

동물 실험 이후 진행되는 과정이다. 하지만 임상 의학이 모든 문제를 해결할 수는 없다. 또한 동물 실험을 임상 시험 전에 진행하는 이유는 위험도를 낮추기 위해서다. 그러나 임상 의학의 발전은 동물을 통해 재현해야 하는 실험을 줄일 수 있는 중요한 요소가 될 수 있다.

○ **시험관 연구와 줄기세포**

시험관 연구(in vitro)는 생체 실험(in vivo)과 대비되는 용어로 플라스크나 어떤 통제된 환경에서 배양액을 관찰하고 분석하는 것을 의미한다. 과학자들은 오랫동안 수술, 생체 조직 검사 등을 통해 제거된 세포와 조직을 시험관에서 배양하는 방법을 연구해 왔다. 인간 질병의 발병은 사실 단백질, 이온 채널, 세포, 유전자 같은 세포 구성 요소 수준에서 발생한다. 암에 관해 연구하는 의사가 있다면 암에 걸린 환자의 종양 조직을 활용하여 연구한다면 더욱 풍부한 연구를 할 수 있다. 여기에 더해 최근에는 줄기세포의 연구가 활발하게 진행되고 있다. 줄기세포란 향후 신체의 어떤 세포 형태로도 자랄 수 있는 일종의 만능 세포라고 볼 수 있는데 초기 배아 단계에서 줄기세포를 얻은 이후 실험실에서 줄기세포를 배양할 수 있을 것으로 전망하고 있다. 이것이 가능하게 되면 치매, 당뇨, 파킨슨병 등 환자의 질병 세포나 손상된 세포를 대체할 새로운 세포를 성장시킬 수 있게 된다.

○ **부검과 역학**

부검은 진단에서 놓친 질병의 양상을 찾아내는데 도움을 준다. 부검에 관한 연구에서는 총 2,537건의 부검 중 64%가 살아있을 때 진단되지 않은 질병이 사망자에게서 나타났음을 증명하였다. 부검 결과는 이후 다른 사람들의 질병 연구에 활용할 수 있는 중요한 자료이다. 그러나 사망 후 부검은 여러 가지 면에서 많은 한계가 있고(사망 후 가족들의 반대로 부검을 하지 않는 경우도 많다.) 부검 연구에 정부가 하는 지원이 많지 않은 실정이다.

역학 연구는 질병이 왜 그리고 어떻게 발병했는지에 관한 정보를 제공한다. 역사적으로 역학은 산업의 화학 물질과 질병 사이의 관련성을 밝혀냈고, 흡연과 암의 관계, 콜레스테롤과 심장 질환의 관계 및 새로운 바이러스 질병의 전파 과정을 밝혀냈다.

○ 수학적 모델링

컴퓨터가 인체의 일부는 반응식으로 가정하는 것을 수학적 모델링이라고 한다. 인간의 컴퓨터 모델 뇌세포 10,000개는 실제 뇌가 나타내는 신호와 유사한 신호를 생산한다. 미국의 국립 암센터는 암에 관한 컴퓨터 모델링 신체반응 분석 결과 면역 체계가 암과 싸우거나 암을 자극하는 메커니즘을 발견했다. 수학적 모델링은 현미경으로 비슷해 보이는 유방 종양의 차이도 발견했다. 독성이 있는 것으로 알려진 화학 구조물도 컴퓨터 모델링을 통해 예상 가능하다. 항류머티즘과 항관절염 치료제인 오프렌이 간 손상을 일으킨다는 것은 이것을 통해 밝혀냈다.

○ 출하 후 약물 감독

임상 실험을 거쳐 판매되는 약물은 출하 후 부작용에 관해 추적한다면 여러 부작용을 추가적으로 막을 수 있다. 만약 판매되는 약물의 부작용을 모두 추적 가능했다면 탈리도마이드의 비극은 막을 수 있었을 것이다.[8]

---

8 《탐욕과 오만의 동물실험》, 레이 그릭, 진 스윙글 지음, 다른세상, 2005. p.162~181

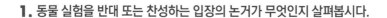

꼭꼭 집어 생각 정리하기

1. 동물 실험을 반대 또는 찬성하는 입장의 논거가 무엇인지 살펴봅시다.

동물 실험 반대 논리 중 첫째는 인간이 자신의 이익을 위해 동물을 일방적으로 이용할 권리는 없다는 주장이 있습니다. 대표적인 철학자로 톰 리건(Tom Regan)이 있습니다. 둘째, 만약 인간의 이익이 반드시 필요하고 그 과정이 올바르다면 어느 정도 동물을 이용하는 것은 허용된다는 주장입니다. 대표적인 철학자로는 피터 싱어(Peter Singer)가 있습니다. 그는 공리주의자(Utilitarian)로서 동물에게도 도덕적으로 배려해야 한다는 주장을 전 세계적으로 처음 했던 제레미 벤담(Jeremy Bentham)을 이은 철학자입니다.

동물 실험 찬성 입장은 인간의 생명과 건강을 위해서는 동물 실험이 꼭 필요하다는 논리입니다. 사실상 20세기 항생제, 백신 개발 등 수많은 의학 연구에서 동물 실험은 많은 역할을 했습니다. 동물 실험의 결과로 백신이 보급되었고, 천연두나 소아마비와 같은 질병은 거의 사라지게 되었습니다.

2. 동물 실험 외에 과학 연구를 위해 주목해야 할 대안에 관해 생각해 봅시다.

첫째, 환자에 관한 임상 연구입니다. 실제로 질병에 걸린 사람을 대상으로 한 것입니다. 왜냐하면 인간과 동물은 여러 면에서 다르기 때문입니다. 임상 연구를 위한 과정은 신약을 연구할 때 지원자들을 대상으로 진행되고 있습니다. 둘째, 시험관 및 줄기세포 연구입니다. 수술이나 생체 조직 검사 등을 통해 제거된 세포와 조직을 시험관에서 배양하는 방법과 줄기세포 연구를 말합니다. 셋째, 부검과 역학의 방법입니다. 부검은 진단에서 놓친 질병의 양상을 찾아내는데 도움을 주고 역학은 질병이 왜, 어떻게 발병했는지 정보를 제공해 줍니다. 이 외에 컴퓨터가 인체의 일부를 반응식으로 가정하는 수학적 모델링이나 출하 후 약물 감독 등이 있습니다.

5부

실험동물 복지

1장 실험동물 복지 위반 사례들

2014년 독일 자동차 회사 폭스바겐은 미국의 한 의학연구소에 의뢰하여 원숭이를 가둬 놓은 상태에서 배출 가스를 맡게 하는 실험을 진행하여 전 세계적으로 논란이 되었다. 배출 가스에 장기간 노출되었을 때 인간의 건강을 해칠 수 있다는 것은 이미 역사적으로 여러 실험이 증명하였다. 흡입 독성 실험의 경우에도 설치류를 대상으로 시행하고 원숭이를 사용하는 사례는 없었다. 위 사례는 실험이 잘못되었다는 비판으로부터 자유로울

한국환경공단 본부내에 구축한 흡입 독성 시험 시설에서 연구원이 시험 상황을 점검하고 있다.
ⓒ 전자신문

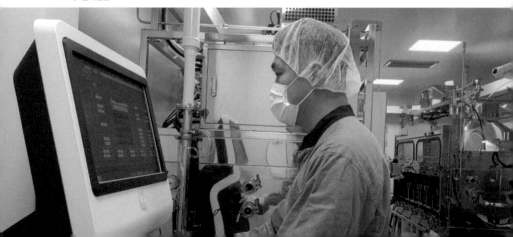

시로는 구조된 뒤 따뜻한 보살핌을 받으며 건강을 회복했지만, 구조된 지 1년 만에 숨을 거두었다.
ⓒ 펫펀

수 없는 실험이었다.

흡입 독성 시험은 호흡기를 통하여 흡입된 물질들이 일으키는 생체에서의 독성 작용을 평가하는 시험 분야로 흡입 의약품, 생물 의약품, 농약, 화학 물질, 환경 유해 물질 등이 흡입함으로 인해 발생하는 독성을 확인하는 시험을 말한다. 또한 독성뿐만 아니라 질환 치료를 위한 치료제의 약효 평가도 함께 수행한다.

1990년 일본 동물 보호소의 유기 동물이 병원 실험용으로 팔려간 일이 있었다. 이중 '시로'라는 개는 병원에 도착한 후 척추 신경을 절단하는 실험을 당했다가 구조되었다. 이 사건으로 일본 내에서는 비윤리적인 동물 실험 금지 여론이 거세게 일어났고, 2005년에 일본 정부는 동물 보호소의 동물 매각을 전체적으로 금지시켰다.[1]

---

1   www.hankookilbo.com/News/Read/201712041667544251

2015년 영국 윌셔 지역의 포튼 다운 군사 시설에서 오랫동안 잔인한 동물 학대 실험이 진행되었다는 폭로가 있었다. 포튼 다운은 영국정부 산하 군사연구기관이다. 이 기관은 1·2차 세계대전 동안 사람을 대상으로 대규모 신경가스 실험을 한 곳으로 알려져 있다. 그러나 전쟁 후에도 살아있는 동물에게 독극물을 먹이거나, 뼈를 부러트리거나, 총을 쏘는 등의 잔혹한 실험을 한다는 사실이 알려지게 되었다. 최근 그 기관은 원숭이, 토끼, 돼지, 마우스, 기니피그 등을 수백 마리 희생한 사실이 폭로되었다. 영국은 잔혹한 실험 모두 '3R' 기준에 따라 엄격하게 규제 대상이 되지만, 군사기관에 관해서는 많은 예외를 인정해 주고 있다는 문제점이 있었다. 군 당국은 생화학 전쟁을 대비한 실험이었다는 입장을 보였지만, 불필요한 실험이 아니냐는 논란이 여전히

포튼 다운 연구 기관

남아 있다.[2] 생화학 무기 사용에 따른 인간의 피해를 예상하고 이에 관한 대책을 마련하기 위해서는 이미 결론이 나와 있는 데이터를 이용해 예측 가능성을 판단할 수 있기 때문이다.

　　2015년 중국의 한 의과대학에서 수술 실습을 한 개들을 옥상에 방치하고 반복적인 수술을 감행하다 적발된 사건이 있었다. 개들은 수술 실습을 당한 후 짖지 못하게 주둥이에 붕대를 감은 채 옥상에 방치되었고 의식이 깨면 다시 수술실로 끌려가 반복적인 수술을 당하다 적발되었다. 조사 결과 학생들은 떠돌이 개들을 잡아다가 수술 실습을 한 뒤 안락사하지 않고 아무 데나 방치하였다.

중국 의과대학에서 실험 후 옥상에 버려진 강아지들. ⓒ 웨이보

2　www.koreaherald.com/view.php?ud=20150312001043

당시 의과대학 옥상에는 개들의 사체가 산처럼 쌓여 있었고, 동물보호단체와 경찰의 급습으로 살아있는 10마리의 개는 다행히 안전하게 구조되었다.[3]

중국은 이 사건으로 인해 동물 실험에 관한 잔인함이 드러났지만 여전히 동물 실험을 반드시 거쳐야 한다는 조항을 유지하고 있다. 전 세계가 동물 실험을 지양하자는 움직임에도 중국은 외국 기업이 자국으로 일반 혹은 특수 화장품을 수출할 경우, 동물 실험을 반드시 거쳐야 한다는 입장이다.

우리나라도 동물 실험으로 희생되는 동물 숫자가 매년 늘어나고 있다. 농림축산검역본부의 자료에 따르면 2012년 183만여 마리였던 실험동물은 2017년 308만여 마리, 2018년에는 372만여 마리, 급기야 2022년에는 488만 마리로 급증했다. 동물 실험이 증가하는 만큼 동물 복지에 관한 제도도 발전해야 한다. 그러나 여전히 연구 과정에서 연구자들이 직접 자가 진료를 하거나, 선진국에서는 모두 법적으로 의무화하고 있는 전임 수의사(AV: attending veterinarian)의 고용 의무화가 부재한 점 등 제도적인 문제점은 여전하다. 최근 한국에서 발생했던 복지 위반 사례들 중에는 어떤 것이 있을까?

2016년 모 경찰청에서 미제로 남은 익사 사건의 과학적 수사 기법을 찾기 위해 살아있는 돼지를 수장한 실험을 진행한 사건이 있었다. 이 실험은 고통등급 E로 동물실험윤리위원회에서 승인을 받았으나 마취제를 사용하지 않아 논란이 되었다. 실험은 간단한 진정제 투여 후 진행되긴 하였지만, 차가운 물속에 들어갔을 때 진정제만으로는 의식이 깨게 되어 고통스러웠을 것이라는 마취 전문가의 의견이 있다. 이 실험에는 살아있는 돼지와 죽은 돼지 사체가 모두 쓰였다. 전문가의 자문을 통하여 좀 더 심도 있는 고민이 필요하지 않았나 싶다.

수중 변사체 부패 등을 알아보는 실험을 위해 이용될 돼지가 끈에 묶여 있다. 이번 실험은 결과의 신뢰성 확보를 위해 동물실험윤리위원회의 승인을 받았다. ⓒ 뉴시스

물속에서 사체가 발견되는 경우 언제 물속에 들어갔는지 그리고 죽은 상태에서 물속으로 들어간 것인지, 혹은 물속에서 죽은 것인지를 알아보기 위한 실험이었다. 돼지의 피부는 인간의 피부와 가장 비슷하고, 돼지의 몸에 남은 미생물을 통해 사망 시간 등을 추정할 수 있다. 그런데 이 실험을 둘러싸고 왜 굳이 마취제를 사용하지 않았느냐는 논란은 꽤 오랫동안 계속되었다. 실험의 목적이 사망 시간과 원인을 파악하기 위해서였다면 마취제 사용을 해야 했다. 이 실험에 관해 마취 전문가는 방법이 매우 부적절했다고 의견을 말했다.

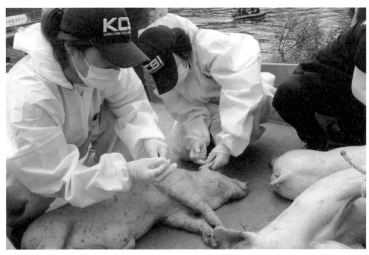

수중 변사체 부패 등을 알아보는 실험에서 과학수사 담당관이 실험에 이용할 돼지를 안락사시키고 있다.
ⓒ 뉴시스

1. 신약 개발, 50%의 확률. 동전 뒤집기인가, 과학자의 윤리인가

제약업계에 따르면 하나의 신약을 개발하기 위해서는 10년에서 15년이라는 시간과 1조 원 이상의 비용이 소진된다고 한다. 그러나 신약 개발에 성공하면 그 경제적 효과는 엄청나다. 그러나 동물과 인간이 다르기 때문에 동물 실험의 결과가 인간에게 정확하게 적용되느냐는 동물 실험에서 중요한 쟁점이다. 지난 2005년에서 2007년까지 한국에서 임상 시험 기간 동안 사망한 사람은 37명이다. 신약 개발은 우선 시험관 내에서 하는 기초 실험, 실험동물을 사용하는 전임상 단계(실제 사람을 대상으로 하는 임상 시험)라는 과정을 거친다. 모든 약은 어느 정도의 부작용이 발생할 우려가 있는데, 동물 실험을 적극 활용해야 한다는 입장에서는 이런 부작용 때문에 동물 실험을 하지 않게 되면 목숨을

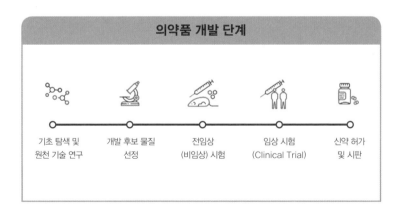

의약품 개발 단계

기초 탐색 및 원천 기술 연구	개발 후보 물질 선정	전임상 (비임상) 시험	임상 시험 (Clinical Trial)	신약 허가 및 시판

잃는 사람이 더욱 늘어날 수 있다고 주장한다. 안전성 확보를 위해서라도 동물 실험은 필수 요소가 될 수 있다는 것이다. 그러나 전임상 실험 단계인 동물 실험에서 인체 부작용을 예측할 수 있는 확률은 최대 50%이며 항암제의 경우 25%를 넘지 못하고 있다. 이런 낮은 확률 때문에 동물 실험이 유효하지 않다는 주장도 있다. 하지만 1%의 가능성만으로도 질병으로 고통 받는 환자의 생명을 구할 수 있다는 가능성이 있다면 동물 실험을 수행하는 것은 과학자의 임무라고 보는 학자들도 많다. 최근에는 신약 개발의 과정에서도 기술이 발달하고 3R의 원칙이 보편화되어 동물의 희생을 최소화하기 위한 노력이 이루어지고 있기도 하다.[4]

쟁점 2. 코로나 19, 백신 개발 전망과 동물 모델 개발의 전망

신종 코로나 바이러스의 감염 확산으로 2022년 8월 현재 전세계적으로 약 5억 7천만 명의 확진자가 나왔고, 640만 명 이상이 사망하여 유사 이래 최악의 팬데믹으로 부상하였다. 이에 따라 백신 개발은 과학자들에게 시급한 과제가 되었다. 잭슨연구소는 최근 50여개의 연구소로부터 3,000마리 이상의 마우스 주문을 받고 있다고 밝혔다.

최근 잭슨연구소에서 생산하는 것은 주로 형질 전환 생쥐

---

4   www.sciencetimes.co.kr/news/신약개발-동물실험-꼭-필요한가요/

(transgenic mouse)다. 형질전환 동물이란 일종의 유전자 조작 동물을 의미하는데, 통상적으로 일반 생쥐는 코로나 바이러스에 저항성을 가지기 때문에 새로운 모델이 필요했다. 인간처럼 SARS-CoV-2가 세포에 침입하기 위해 사용되는 ACE2라는 효소가 수용체로 작용하도록 할 필요가 있기 때문이다. 형질전환 마우스뿐만이 아니다. 인간의 ACE2 유전자를 보유한 원숭이, 그리고 페럿도 사용되고 있다. 페럿은 SARS-CoV-2에 취약하다고 알려져 있을 뿐 아니라 폐의 생리학이 인간과 비슷하여 인플루엔자 및 기타 호흡기 감염 연구에 이미 인기 있는 모델이었다. 중국의 연구자들은 최근 코로나 바이러스에 감염된 히말라야 원숭이가 상당히 경미한 질병에 걸린다는 사실을 발견했다. 원숭이는 사

페럿

람과 비슷한 면역계를 보유하고 있기 때문에 원숭이는 이후 중요한 동물 모델로 부상하고 있다. 그러나 과학자들은 완벽한 동물 모델이란 없다고 말한다. 향후 다양한 동물 모델이 개발될 예정이다. 코로나 바이러스와 맞선 인간의 도전에 동물이 또 하나의 중요한 자원으로 떠오르고 있기도 하다.[5]

쟁점 3. 동물 복제 기술, 명과 암

이제까지의 생명 현상은 암수 생식세포가 수정을 해야만 개체가 발생하는 것이었다. 그러나 체세포 핵이식 기술이 발달하면서 생명체 복제 시대가 열렸다. 최초의 복제 기술로 태어난 동물은 1996년 돌리라는 양이었다. 동물 복제 방법은 생식세포 복제법과 체세포 복제법으로 구분할 수 있는데, 돌리는 대표적으로 체세포 복제법으로 태어났다. 체세포 복제법은 생명체의 몸을 구성하는 체세포를 떼어 내 이를 공여핵 세포로 이용하는 방법이다. 복제 대상 동물에게서 체세포를 분리하고 난자를 제공하는 동물로부터 난자를 채취해 핵(유전 물질인 DNA를 의미)을 제거한 후 체세포를 주입해 복제 수정란을 만들고 이 수정란을 대리모 동물에게 이식하게 된다. 동물 복제 기술은 생물학, 의학, 농업 등 다양한 분야에서 유용하게 쓰인다. 예를 들어 의약

5 www.ibric.org/myboard/read.php?Board=news&id=314969&BackLink=L215Ym9hcmQv
   bGlzdC5waHA/Qm9hcmQ9bmV3cyZQQVJBMz05

용 단백질의 생산이다. 원래 의약용 단백질은 동물의 체액에서 정제하거나 세균, 효모를 이용하는데 이런 경우 오염의 위험성이 있다. 따라서 체세포 복제 기술로 만들어낸 형질전환 동물을 단백질 생산용 생체 반응기로 이용하면 동물의 혈액 등에서 의약용 단백질을 대량 생산 가능하게 할 수 있다. 복제 기술은 질환 모델을 만들어 내는데도 유리하다. 생쥐나 토끼같은 동물은 인간과 생리적 측면에서 다른 면이 많기 때문에 정확하게 인간의 질환을 동물에게 재현하기가 어렵다. 따라서 특정 유전형질을 보유한 개체를 체세포 복제 방식을 이용해 대량 복제하면 인체 질환 모델 실험동물을 생산할 수 있게 된다. 복제 기술의 긍정적인 측면은 바로 여기에 있다. 인간 의료 기술의 발전뿐 아니라 부가 가치의 창출까지 가능하게 할 수 있기 때문이다.

복제 양 돌리

복제 기술은 대체 장기 생산용 동물 개발에도 유용하다. 동물의 장기를 인간에게 이식하면 면역학적 거부 반응이 문제가 될 수 있지만 돼지의 세포에 인간의 면역 체계를 삽입하여 형질 전환된 돼지를 복제하면 장기 제공용 돼지의 대량 생산이 가능하게 된다. 이러한 복제 기술은 멸종 위기종의 복원에도 유용하게 활용될 수 있다.

그러나 복제 기술에도 논란의 여지는 있다. 복제 과정에서 잘못된 표현형이 나오는 경우 이런 동물은 바로 안락사 대상이 될 수 있고, 대량의 난자가 필요한 경우 많은 동물이 희생될 수 있기 때문이다. 따라서 복제 기술에도 기준은 있어야 한다. 의학

복제 기술 연구

의 발전에 기여하고 많은 생명을 살리는 방향에서만 활용되도록 해야 한다. 최근 자신의 반려견이 죽은 후 똑같은 개를 복제하고 싶어하는 사람들이 늘어나고 있다. 반려견의 복제는 자신이 이전에 키우던 개와 똑같은 개를 가지고 싶어 하는 욕망이지만, 사실 하나의 생물은 유전자만으로 그 특성이 결정되는 것은 아니기 때문에 자라면서 사람과 어떤 소통을 하고 어떤 환경에서 자랐는지에 따라 전혀 다른 개가 될수 있다. 결국 똑같은 개가 되지 않는 것이다. 복제를 해도 다른 개가 된다면 그 복제는 사실상 의미가 없게 된다. 그런 결과를 위해 다수의 난자를 제공하는 개들이 또 있다면 이런 복제 기술이 과연 필요한지에 관해 생각해 볼 여지가 있다.

반려동물 복제 인구가 갈수록 늘고 있지만, 똑같은 동물이 탄생할 것이라고 기대하기는 어렵다.

4. 동물 실험을 수행하는 사람들

실험 기관에서는 종종 위령제라는 것을 지내곤 한다. 동물 실험으로 희생된 동물을 기리기 위해서이지만 한편으로는 동물 실험을 수행하는 사람들을 위로하는 의미도 크다.

한 면역학 연구자는 주변에 동물 실험을 하는 연구자들과 종종 이런 대화를 나눈다고 고백한 적이 있다. 살생을 너무 많이 저질러 천국에 가지 못한다는 말이다. 지옥에 떨어지면 쥐들이 연구자들을 붙잡아 손발을 묶어 놓고 무언가를 찔러 넣거나 장기를 꺼내 관찰할 것이라는 자조적인 말과 함께 농담조로 하는 말이다. 동물 실험의 상당수가 인간의 질병과 유사한 모델을 만

실험동물 위령제. ⓒ 서울대병원

들어 분석하는 실험이 많은데, 사실 동물의 입장에서 보면 어떤 특정 질병에 걸려 상당한 시간 동안 통증을 겪게 된다는 것을 의미한다. 장염에 걸린 쥐는 설사를 하게 되어 몸무게가 줄어들 것이고, 다발성 경화증에 걸린 쥐는 꼬리부터 마비되며 행동 실험 중에는 전기 자극을 주는 것도 있다. 실험이 완료된 이후에는 체내 세포를 분리하여 관찰해야 하기 때문에 안락사 후 수술용 가위로 배를 가르고 장기를 꺼낸다.

사실 연구의 과정은 건조하고 냉정하지만 살을 가르고 피를 보고 살아있는 동물에게 고통을 주는 모든 과정은 죄책감으로 다가오게 된다. 연구자들은 늘 딜레마를 경험한다. 인간을 위해 아직까지 동물 실험은 필수의 과정이기 때문이다. 동물 실험을 충분히 대체할 수 있는 기술이 아직까지 미비한 상태에서 동물 실험은 누군가는 해야 하는 일이다.

동물을 다루는 것이 힘들어 전공을 바꾸기도 하고 참여를 포기하는 사람들도 있다. 미국의 동물보호단체는 동물 실험 연구자가 겪는 트라우마(정신적 스트레스)가 전쟁에서 겪는 것과 같다고 언급한 적도 있다.[6]
상대적으로 마우스와 랫드를 대상으로 실험하는 것도 연구

---

6   behindsciences.kaist.ac.kr/2019/03/20/저는-동물 실험을-하는-사람입니다/

자들에게 엄청난 부담감으로 다가올 수 있다. 그러니 인간과 가장 가까운 영장류, 인간과 감정적 교류가 가능한 개와 고양이를 다루는 사람들에겐 더할 것이다. 영장류나 개와 같이 영리하고 사회성이 있으며 사람과 정서적 교류가 가능한 동물들은 실험에 이용하는 과정에서 스트레스를 더 많이 받을 수 있다. 이런 동물에게는 긍정 강화 훈련(PRT, Positive Reinforcement Training)이 필수적이다. PRT는 동물 행동 심리를 기반으로 한 훈련 기법인데, 먹이를 통해 동물의 긍정적 행동을 이끌어 낸다. 동물이 연구자들과 친밀감을 형성함으로써 실험 과정에서 발생할 수 있는 스트레스를 완화할 수 있다. 주사를 놓거나 채혈을 하는 등 동물에게 갑자기 다가가서 해야 하는 모든 과정을 평상시에 훈련을 통해 익숙하게 만드는 것이다.

동물들이 삶의 주도권을 가질 수 있는 방법으로 '동물 행동 풍부화'라는 용어가 있다. 이는 동물원 동물, 실험실 동물, 반려동물 등 제한된 공간에 있는 동물이 기본적으로 필요한 것을 제공하는 것을 넘어 동물의 삶을 풍요롭게 만드는 것을 뜻한다. 단순히 고통을 없애고 이상 행동을 예방하는 차원이 아니다. 동물이 더 만족스러운 삶을 살 수 있도록 해 동물 복지의 수준을 높이자는 개념이다.

1970년대부터 다양한 동물들을 대상으로 행동 풍부화가 시작되었다. 동물이 복잡한 행동을 해 주어진 과제를 완수하면 먹이가 나오는 장치 등이 그 예이다. 원하는 행동을 하면 보상을 주는 긍정적 강화 훈련과 비슷하다.

행동 풍부화와 긍정적 강화훈련은 한정된 공간에서 살아가는 동물들에게 스트레스를 최소화할 수 있는 좋은 방법이다. 그럼에도 불구하고 동물과 연구자들은 거리를 두어야 한다. 이름을 지어 주지 않는 이유이기도 하다. 동물 복지와 함께 동물을 다루는 사람들의 심리 역시 중요하다. 그 이유는 동물이 건강하지 못하면 실험 결과도 좋을 수 없고, 아프고 고통스러운 동물을 보는 인간 역시 고통스럽기 때문이다.

동물 행동 풍부화 프로그램의 일환으로 다양한 모양의 통을 이용해 동물들에게 먹이를 제공하고 있다. ⓒ 서울대공원

비글을 구아라!

대학 병원 동물 실험실에서 근무하는 한 수의사는 언론사와의 인터뷰에서 "안락사 직전 동물과 눈을 마주치면 마음이 너무 괴롭다."라며 "약물을 주입할 때 좋은 곳으로 가서 다음 생은 더 나은 환경에서 태어나길 기도한다."라고 했다. 안락사는 시행하는 사람에게는 큰 고통이다. 심리적인 부담을 덜어 주기 위해 노력해야 하는 동시에 새로운 삶을 살 수 있는 기회를 주는 것도 중요하다.[7]

실험이 끝난 후 정상적으로 회복한 동물을 분양하거나 기증할 수 있는 근거가 필요했고, 2018년에 동물보호법이 개정되었다. 정부는 실험 종료 후 건강이 회복된 동물에 한해 분양을 할 수 있는 법적 근거를 마련하였고, 가이드라인도 만들었다. 주요한 내용은 다음과 같다.

1. 분양의 조건

○ 전문적 견해에 따라 과정이 동물에게 이익이 되어야 하며, 감정적으로 분양되어서는 안 된다.
○ 분양을 하려는 동물 종에 대해 지식과 경험이 풍부한 수의사(동물 실험 시행 기관 종사 수의사 또는 실험동물전문 수의사)의 자문을 받아야 하며, 그 결과에 따라 동물실험윤리위원회에서 결정한다.

---

7   www.hankookilbo.com/News/Read/201808081641348865

2. 새로운 삶을 위한 동물의 준비

○ 적절한 수의학적 관리와 조언 제공

○ 다양한 시각적, 촉각적 및 청각적 경험에 대한 노출

○ 다른 개와의 사회화

○ 사람과의 사회화(새 주거지와 분양 예정자의 적합성 평가)

○ 분양 예정자에 관한 조언

○ 동물보호단체 등을 통한 분양

○ 분양 후 후속 조치

실험동물 중 가장 높은 비율로 입양되는 동물은 단연 비글이다. 비글은 활발하고 사람과 친화적이지만 털이 많이 빠지고, 운동량이 많아 생각보다 사육이 쉽지 않은 종이다. 실험 기관 스스로 좋은 주인을 만나게 하는데 많은 인력과 시간의 어려움이 있다. 이럴 때 동물보호단체의 도움을 받을 수 있다. 동물을 어떤 사람들에게 입양을 보내야 유기, 학대를 막을 수 있는지 경험이 풍부하기 때문이다. 동물보호단체와 입양을 원하는 시민들은 동물을 보내는 실험 기관의 입장을 잘 고려해야 한다. 자칫 동물을 학대하는 기관으로 일반인들에게 오해를 살 수 있고, 이런 분위기가 조성되면 실험 기관 스스로 입양 기회의 문을 닫을 우려가 있다. 따라서 이런 경우 비글을 구조했다라는 표현은 부정적인 면이 적지 않다.

동물 실험은 현대 의학과 과학의 발전 과정에서 필요한 절차로 자리 잡고 있다. 그러나 그 과정에서 동물에 대한 불필요한 고통을 줄이기 위한 여러 사회 구성원들의 노력이 지금도 지속되고 있다. 비글 입양도 이런 과정에서 마련되었다. 보다 많은 동물이 실험실을 벗어나 새로운 삶을 만나기를 바란다.

2장 실험실 내 3R의 실현

3R이 실험실 내에서 실현되기 위해서는 여러 요소가 필요하다. 동물 실험은 오랜 역사를 가지고 전 세계적으로 이루어지면서 기술적으로 발전해 왔다. 동물에 관해 지식이 짧고 과학이 발전하지 않았던 시대에 있었던 많은 오류를 극복하고, 현재는 전 세계적으로 권위 있는 실험실은 표준적인 시스템을 갖추고 있다. 3R이 실질적으로 실현되기 위해서는 실험실 내에서 체계적인 시스템을 갖추는 동시에 실험계획을 제대로 세우고 동물실험윤리위원회를 통해 윤리성과 과학성을 입증해야 한다.

○ 실험실로 들어온 동물은 바로 실험실 안으로 넣어도 될까?

실험실에서 사용하는 동물들은 실험실 내에서 번식하기도 하지만 대부분 전문적인 실험동물 생산 기관에서 구입한다. 전문 생산 기관에서 구입해야 하는 이유는 실험용으로 쓰는 동물들은 질병에 취약할 수 있고, 일반 환경에서 오염되면 실험의 결과가 잘못될 수 있기 때문이다. 그러므로 실험용으로 쓰는 동물을 전문적으로 키우는 곳이 믿을 수 있다. 미생물 관리를 잘못해 실험실 내 전염병이 퍼지면 거의 모든 동물을 안락사해야 하는 일이 발생한다. 질병으로 동물이 사망하게 된다면 불필요한 동물의 희생이 따르게 되는 격이다. 따라서 몇 차례에 걸친 엄격한 관리가 필수이다. 또한, 생산된 동물이 동물 실험 시설에 도착하면 자체적인 검수와 검역, 순화 과정을 거친다. 동물이 도착하면 현장에서 실시하는 것을 검수라고 하고, 검수 후 검역실에서 따로 건강 검진을 실시하는 작업을 검역이라고 한다.

검수는 입수된 동물이 주문 내용과 맞는지를 확인하고 문

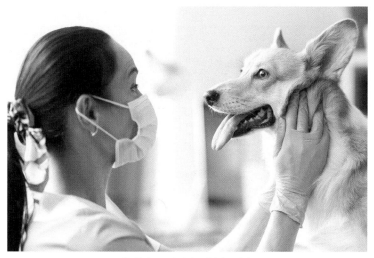

연구원이 동물의 상태를 검사하고 있다.

제가 될 만한 임상 증상이 있는지 확인한다. 이는 가능하면 전문 훈련을 받은 실험동물기술원이나 실험동물 전문 수의사에게 맡기도록 해야 한다. 검수는 동물의 털 상태, 걷는 상태, 호흡, 배설물 상태를 관찰하는 과정이다. 질병에 걸렸는지 확인하기 위해서이다. 검수가 끝나면 검역실로 동물을 옮겨 체중을 측정하고, 세균이나 바이러스, 기생충에 감염되었는지 검사한다. 검역은 보통 1주에서 2주까지도 실시하며, 검역 기간은 동물이 실험동물의 사육 환경에 적응하는 기간이기도 하다. 영장류, 개, 고양이는 실험 시설 내에서 스트레스를 많이 받고 사람을 공격하기도 한다. 따라서 많은 시간과 노력을 투입하여 미리 실험동물과 실험자가 친숙해질 필요가 있다.

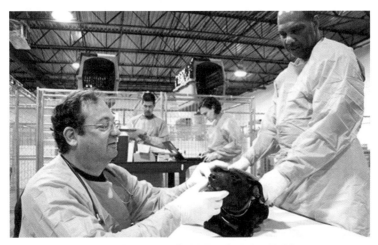

전문 수의사가 현장 구조견을 검사하는 모습. ⓒ 동물자유연대

○ 실험실 동물들의 감염병 예방을 위해 무엇이 필요할까?

실험동물 시설은 감염 방지를 위해 미생물 관리를 잘 해야한다. 미생물 관리 방식에 따라 다음과 같은 종류로 분류할 수 있다. 무균 동물(germ free animal)은 검출 가능한 미생물이 없도록 만든 동물을 의미한다. 무균 처치를 하여 얻어진 모든 미생물과 기생충을 가지지 않도록 만든다. 노토바이오트 동물(gnotobiote)은 가지고 있는 미생물총(미생물이 자라는 무리)의 모든 것이 명확하게 알려져 있는, 특수하게 사육된 동물을 의미한다. 특별히 지정된 미생물이나 기생충이 없는 동물로 SPF(Specific pathogen free) 동물이 있다. 이는 '특정 병원체 부재 동물'로 가지고 있지 않은 미생물이 어떤 것인지 확실해 미생물을 쉽게 통제할 수 있다. 이 밖에

랫드를 이용한 동물 실험 케이지

도 가지고 있는 미생물을 명확히 알 수 없는 동물을 컨벤셔널 동물(conventional animal, 일반동물)이라고 한다.

이 동물들은 미생물 통제 시스템을 갖추게 되는데 격리된 용기에서 사육하여 무균 동물과 특정균을 보유한 노토바이오트 동물을 사육하는 곳을 아이솔레이터 시스템(isolator system)이라고 하고, SPF 동물을 사육하기 위해 외부로부터의 오염 발생을 방지하는 시스템을 배리어 시스템(barrier system)이라고 한다. 사육자는 감염될 위험을 피하기 위해 입실하기 전 샤워를 하고, 개인

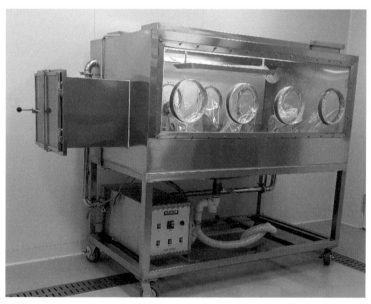

미니 피그 아이솔레이터 시스템, ⓒ (주)우리아이비

보호 장비(PPE, personal protection equipment)를 착용해야 한다. 사료와 물, 기구 등은 모두 멸균하여 사육실로 들어가게 된다.[8]

실험용 동물들은 온도와 습도를 적절하게 맞춰 주어야 하고, 환기도 정기적으로 이루어져야 한다. 어떤 동물들은 소음이나 진동에 약하기 때문에 세심한 배려가 필요하다. 따라서 전문적인 실험실 환경 관리가 필요하다. 온도와 환기를 조절할 수 있는 시스템을 공조 시스템(HVAC, heating ventilation and air conditioning)이라고 하는데, 반드시 정기적인 점검이 필요하며, 동물을 사육하거나 외과 수술이 이루어지는 곳에는 헤파 필터(HEPA Filter, high efficiency particulate air filter: 공기로부터 미세한 입자를 제거하는 고성능 필터로 무균실의 공조에 널리 사용되고 있다.)를 이용한 공기 여과 방식도 적절하게 필요하다.

급이기는 매일 세척하고, 월 1~2회 소독 혹은 멸균한다. 급수기는 일주일에 1~2회, 세척, 소독, 혹은 멸균한다. 세척할 때에는 마개와 내부도 충분히 솔질해야 한다.

급이기, 급식기, 급수 노즐(액체나 기체 끝에 다는 관을 의미), 감압 장치, 필터, 자외선 살균 장치의 정기적 점검이 이루어지는지 확인한다. 동물이 살고 있는 케이지와 랙(rack, 표준 규격화된 컨테이너 방

---

8 《동물실험 길라잡이》, 한국실험동물학회 인증위원회 저, OKVET. p.135~136

여러 가지 실험실 장비들

헤파 필터

자동 급이기

생물 안전 작업대.
ⓒ (주)코사 바이오

IVC 랙. ⓒ 신바이오텍

케이지 랙 세척기. ⓒ (주)코사 바이오

라미나 플로 랙(Laminar flow rack).
ⓒ (주)코사 바이오

바이오 클린 부스.
ⓒ (주)코사 바이오

동물 실험실 내부. ⓒ 이대 목동 병원

식으로 케이지를 몇 층의 선반 위에 보관할 수 있도록 만든 것), 체중계, 온습도계, 소독용 분무기, 고압증기멸균기(autoclave), 케이지 세척기, 에어샤워(air shower) 등의 점검이 이루어지는지 확인한다. 예를 들어 IVC(indivisually ventilated cage, 개별 환기형 케이지) 랙이나 laminar flow rack(clean rack) 같이 여과 필터를 사용하는 경우 이 랙은 정기적으로 필터를 교환하여야 한다.[9]

○ 실험실 동물들은 어떤 것을 먹을까?

사료의 종류는 종, 나이, 생리적 조건, 사육이나 실험 환경의

9 《동물실험 길라잡이》, 한국실험동물학회 인증위원회 저, OKVET. p.151~164

청정도에 따라 다를 수 있는데, 고압 멸균 사료는 비타민이, 임신한 동물은 많은 열량과 단백질이, 영장류는 비타민 C가 더 필요하다. 또한, 질병 매개체, 화학적 오염 물질, 해충 등에 의해 사료가 변질되지 말아야 한다. 여러 마리의 동물을 사육할 때 먹이 경쟁이 일어나 그중에 못 먹는 동물이 있는지 확인해야 하고, 하루에 어느 정도의 사료를 먹는지도 기록해야 한다. 실험용 동물의 비만 예방을 위해서다.

○ 실험용 동물은 어떤 집에서 살도록 해야 하나?

실험용 동물들은 생활하는데 불편하지 않도록 적절한 면적을 갖춘 집에서 살아야 한다. 각 종에 맞는 집의 면적 기준에는 국제적인 표준이 있다. 많은 기관에서 미국의 NRC(National Research Council) 기준(Guide for the care and use of laboratory animals, 실험동물의 관리와 사용을 위한 지침)을 참고로 하고 있다.

그런데 실험실에서 태어나 살고 있는 동물은 실험실에서 번식한 동물이지만 그 동물의 원류인 야생종의 습성과 크게 다르지 않다. 실험동물도 생물이기 때문에 그 동물이 습성에 맞게 살아가기 위해서는 공간만 있으면 되는 것이 아니다. 그중에는 다양한 요소가 필요하다. 무리 생활을 하는 동물들이 혼자 살게 되면 외로움을 느낄 것이고, 가족 구성원과 평생을 함께 사는 동물들을 친족 무리에서 떨어뜨려 놓는다면 그 동물은 엄청난 스트레스를 받게 된다. 스트레스를 받게 된 동물은 면역력이 떨어지게 되고 질병에 취약하게 된다. 따라서 실험실 환경은 그 동물 종의 특성에 맞도록 만들어 줄 필요가 있고, 그 동물의 습성에 맞아야 하며, 스트레스와 고통을 줄여 최대한 건강함을 유지해야 한다.

동물 실험실은 적정한 환경조건과 적절한 사육, 실험이 이루어지도록 충실한 설비와 인재의 배치가 중요하다. 포유류의 대부분은 항온 동물로 열 대사량이 동물에 따라 다르나 마우스나 랫의 경우 통상적으로 20~26도를 적용한다. 습도는 50±10%를 권장하고, 허용 범위는 30~70%로 한다. 기류나 풍속은 동물 시설의 정압과도 관련이 있으며, SPF 동물실에서는 사육자에서 동물쪽으로 기류 흐름이 되도록 하고 사육랙 전면에 격벽을 구성하여 사육랙 후면 공기가 다시 사육자쪽으로 오지 않도록 구성한다. 동물 실험실의 환기는 온도, 습도 분포 및 분진, 냄새 등과 관련이 있으며 10~15회/h를 권장한다.

대부분의 실험용 동물은 사회적 무리가 있고 서열을 이룬다. 그들은 각자 세력권, 영역을 가지는데 다른 영역에 있는 동물이 들어왔을 때 공격성을 보이는 경우가 있다. 토끼의 예를 들어 보자. 아기 토끼의 경우 엄마 토끼 소변의 냄새가 엄마로부터의 공격을 지켜주지만 혹 다른 토끼의 냄새가 아기 토끼에게 묻으면 엄마 토끼의 공격을 받기도 한다. 케이지를 옮길 때 다른 케이지의 마우스 냄새가 남아 있는 경우 동료를 공격하기도 한다. 사회적 서열과 공격성은 자연스러운 습성이다. 단, 동물들 간의 공격과 싸움으로 다치거나 죽는 경우 죽음에 이르기까지 고통을 겪을 수 있고, 또 새로운 동물을 도입해야 하므로 결과적으로 계획보다 많은 동물을 실험에 사용하게 되는 결과를 초래할 수 있다. 따라서 실험실 사육자도 동물의 습성을 알아야 하고, 동물의 도입과 사회적 무리를 어떻게 만들어 주어야 할지에 관해서도 자세하게 알아야 한다.[10]

사육자들은 보통 토끼는 새끼가 눈을 뜬 이후 취급(handling)하는데 새끼를 만지기 전 둥지에 손을 비벼 엄마 냄새가 보존되도록 한다면 동물을 다루는데 도움이 될 수 있다. 야생 상태에서 토끼는 굴을 파서 포식자가 접근하지 못하는 구조로 둥지를 만드는 습성이 있다. 따라서 실험실 내의 사육된 동물이라도 최대한 토끼의 습성을 맞춰 주는 것도 필요하다. 또한, 토끼는 뒷발을 딛고 서서 주변을 관찰할 수 있는 공간의 배려가 매우 중요하다. 뒷발로 서거나 깡충 뛰면서 뒷다리 무게를 지탱하여 뼈를 강하게 만들 수 있다. 이는 부상을 예방한다. 따라서 케이지 집은 토끼가 높이 올라갈 수 있는 구조로 만들어주는 것이 좋다. 사육 시설은 동물이 깡충깡충 뛰고 빠르게 방향을 바꿀 수

---

10 www.nc3rs.org.uk/3rs-resources/housing-and-husbandry/rabbits
    science.rspca.org.uk/sciencegroup/researchanimals/implementing3rs/
    rodentwelfaregroup

연구원이 토끼의 건강 상태를 검사하고 있다.

있을 정도로 충분히 커야 한다. 주변을 살피거나 탐색하고, 놀이
를 하기에도 충분한 높이가 필요하다. 단단한 바닥, 위생을 고려
한 재질, 탐색(foraging)과 굴을 파는 행동이 허용되고, 그룹을 지
어 살게 해 주고 운동을 가능하게 하는 등 동물이 정상적인 행
동을 할 수 있는 충분한 공간을 필요로 한다. 안정적이고 화합
이 가능한 그룹, 같은 나이와 같은 성의 성숙한 그룹이 좋으며
이는 젖을 뗀 후에 이루어져야 한다. 숫컷은 성적으로 성숙된
이후 다른 숫컷 무리와 분리해야 하는데, 다른 토끼와 시각 및
후각적 관계를 이루도록 해야 한다. 무리를 지어 주되 개별적으
로 쉴 수 있는 공간을 마련해 주는 것은 매우 중요하다.[11]

11　www.nc3rs.org.uk/3rs-resources/housing-and-husbandry/rabbits

실험용 개의 경우, 대부분의 시간을 사육장 내에서 지낸다. 개의 행동 제약은 사육장의 디자인에 달려 있다. 사육장은 개의 사회성을 고려해야 한다. 개방되어 있는 밝은 환경을 제공해야 하고 직원들과 소통할 수 있어야 하며, 시각적, 후각적, 청각적으로 다른 개와 교류가 가능하도록 해야 한다. 사육장은 거주하는 개들에게 자극의 기능을 할 수 있어야 하고, 스스로 선택하고 제어할 수 있는 요소를 제공해야 한다. 이것은 개들에게 매우 중요한 복지이다. 작은 사육장은 개들이 정상적인 행동을 할 수 있도록 하지 않기 때문에 개들에게 적합한 공간은 아니다.

운동은 신체적, 정신적 자극을 부여하고, 개들의 환경을 풍부하게 해 준다. 운동은 다른 개들과 사회적으로 어울릴 수 있는 기회를 제공한다. 운동은 매일 제공되어야 하는데, 사육장에 갇혀 운동의 기회를 얻지 못하는 개들에게는 더욱 필요하다. 운동은 사육장 밖의 복도 외에 특별히 디자인된 공간에 만들어야 한다. 그러한 지역은 넓은 범위의 새로운 환경을 제공하고, 환경적인 자극과 선택을 증가시키기 때문이다.

야생에서 동물들은 시간과 에너지를 들여 먹이를 찾고, 구한 먹이를 가공 및 분류하여 영역을 지키며 보금자리를 만들지만, 실험실 동물들은 별다른 어려움 없이 먹이와 잠자리를 구할 수 있게 된다. 따라서 야생에서처럼 행동을 표현하고 욕구를 충족할 기회를 갖지 못하게 되는데, 이 때문에 신체적 질병이 생기거나 정신적으로도 스트레스를 받게 된다. 앞에서 언급한 행동 풍부화 프로그램은 동물의 활동량을 늘려 주어 스트레스를 줄여 준다. 연구자들 역시 동물들의 행동을 관찰하게 되어 다양한 관리 방안을 고민하고 만들어 낼 수 있도록 도와준다.

풍부화는 실험 기관에서 모두 충분히 만들어 주기는 매우 어렵다. 그러나 최근에는 동물의 건강을 유지하기 위해 많은 기관에서 풍부화를 고려하고 있다. 기관에서 풍부화를 제대로 하지 못하는 이유는 비용이 증가하고, 다양한 환경은 실험의 표준을 벗어날 수도 있다는 우려 때문이지만, 어차피 실험이 끝나면 안락사되는 동물이라는 인식 때문이기도 하다.

풍부화란?

풍부화(enrichment)란 동물원, 실험기관과 같이 사육 상태에 있는 동물들이 제한된 공간에서 보이는 무료함과 비정상적인 행동 패턴을 줄여주고, 건강하고 자연스러운 행동이 나타날 수 있도록 하는 프로그램을 의미한다. 풍부화는 행동 풍부화(behavioral enrichment), 환경 풍부화(environment enrichment)와 혼용해 사용하고 있다. 행동 풍부화는 사육 상태에 있는 야생 동물의 건강한 행동을 유도하기 위해 시도하는 모든 프로그램이고, 환경 풍부화는 사육하는 동물이 살고 있는 환경을 다양하게 조성해주는 것을 의미한다.

○ 올바른 실험계획 세우기

　우선 동물 실험을 하지 않을 수 있는 방법을 먼저 생각해야 한다. 동물실험대체법이 있는지를 검색한다. 국내에서 법적으로 인정되는 동물실험대체법은 OECD 가이드에 채택된 방법의 경우는 모두 인정하고 있다.[12] 현재 한국동물대체시험법검증센터 (Korean Center for the Validation of Alternative Methods)에서는 화장품 피부 부식성 동물대체시험법(경피성 전기저항 시험법) 등 19개의 가이드라 인을 제시하고 있다.

　화장품 안전성 평가는 화장품 성분에 반복적으로 노출되었 을 때 발생할 수 있는 홍반(어떤 자극에 의해 피부가 붉게 변하는 것을 의미), 부종 등 면역학적 과민 반응을 평가하는 '피부 감작성 시험', 피부나 눈에 접촉할 경우 나타날 수 있는 자극을 평가하는 '피 부자극 시험'과 '안자극 시험'이 있다. 예를 들어 피부 감작성 시 험인 인체 세포주 활성화 방법은 사람 단핵구 세포주에 새로운 화장품 성분 시험 물질을 노출시킨 후 세포 표면 표지자(maker) 가 발현되는 정도를 측정하여 과민 반응을 만드는 물질인지 여 부를 구분하는 것이다. '단시간 노출법(STE)'을 활용한 안자극 시 험법은 시험 물질을 토끼 각막 세포주에 노출시켜 세포 독성을 측정하여 심한 안 손상이나 자극을 유발하는 물질을 구별하는

12　www.nifds.go.kr/kocvam/board/board_3.jsp

데 사용된다. 모두 살아있는 동물이 아닌 세포를 사용하는 실험으로 대표적인 대체법이다.

직접적인 대체 방법이 없다면 다른 연구 성과가 있는지 검색 사이트를 통해 검색하여 중복된 실험인지를 확인해야 한다. 이는 실험계획서에 검색한 사이트(예: PubMed)를 기입하고 어떤 검색어를 기입했는지 쓰는 것이다. 키워드는 3개 이상이어야 하고, 검토 결과도 서술해야 한다. 관련된 연구 성과와 참고 문헌을 찾아보는 것이 좋다. 이는 중복된 실험을 사전에 막기 위한 중요한 과정이다. 누군가 비슷한 연구를 했는데 다시 같은 연구를 하게 된다면, 그 연구와 실험은 의미가 없게 될 뿐 아니라 실험에 쓰인 동물도 의미 없이 죽은 결과가 될 수 있다.

PubMed란?

National Library of Medicine ® (NLM) 의 NCBI (National Center for Biotechnology Information)가 개발하고 유지 관리하는 무료 리소스이다. 의학, 간호학, 치과학, 수의학, 보건 시스템 및 전임상 과학 분야의 논문이 수록되어 있다.

동물 실험의 계획을 세우기 위해서는 동물의 종과 계통 (strain), 마릿수를 정해야 한다. 또한, 실험에 사용하는 종은 실험의 목적에 맞아야 한다. 되도록 발생학적, 진화론적으로 낮은 계통에 속한 동물을 사용하도록 한다. 영장류, 개보다는 마우스, 랫드를 사용하는 방법이며, 살아있는 동물보다는 세포를 사용하는 방법이다. 영장류나 개는 비싸기도 하지만 무엇보다 윤리적인 문제가 발생한다. 영장류는 사람과 가까운 동물이고, 개는 사람과 정서적으로 친근한 동물이다. 또한, 많은 수를 확보하지 못하면 실험 데이터를 충분히 얻지 못해 결과의 신뢰성에도 문제가 생길 수 있다. 개와 영장류는 많은 동물 수를 확보하기가 어렵다. 따라서 반드시 영장류, 개를 사용해야 하는 경우를 제외하고는 주로 동물 실험에는 설치류를 사용하게 된다. 마우스는 번식률이 높고 한번 새끼를 낳을 때 많은 수를 낳기 때문에 실험에 자주 사용된다. 개는 인간과 가까운 동물이다 보니 실험 종료 후 안락사를 할 때 실험자들조차 심리적으로 어려움을 호소하게 된다. 동물의 종이 서로 같더라도 계통에 따라 다르다. 마우스의 경우 실험용 종의 번식으로 많은 계통(strain)이 있다. 그런데 계통마다 특성이 다르기 때문에 실험을 수행할 때는 실험에 맞는 마우스 계통을 선택해야 한다.

또한, 실험 가설을 올바르게 세워야 한다. 실험의 가설을 세우기 위해 미리 비슷한 다른 연구가 있었는지 검색해 보고, 실험군과 대조군을 올바르게 설정했는지도 생각해 봐야 한다.

○ 적절한 실험동물 수 사용하기

실험마다 투여군과 대조군의 마릿수는 문헌을 참고하여, 실험의 특성에 따라 통계적 유의성을 분석하고 최소 마릿수를 설정한다. 너무 많아서도 안 되고, 너무 적어서도 안 된다. 너무 적은 경우, 실험을 처음부터 새롭게 계획해야 하는 일이 발생할 수도 있다. 결과적으로 보면 실험용 동물이 너무 무의미하게 희생되는 것이다.

필요 수량을 선정하기 어려운 경우에는 유사한 실험의 예를 다른 문헌을 통해 참고하거나 예비 실험(pilot study)을 통해 적절하게 사용해야 할 동물 마릿수를 미리 정하면 본 실험계획을 세우기가 훨씬 수월해진다.

○ 통증 경감

실험을 진행하기 전에 그 실험에서 동물이 받을 수 있는 고통이 어느 정도인지 미리 예측해야 한다. 어떤 고통이 발생할지를 미리 알아야 필요한 약물도 미리 구입할 수 있다. 동물의 고통을 올바르게 알기 위해서는 동물이 건강할 때 어떤 행동을 하는지 미리 알아야 한다. 동물의 건강한 상태와 질병에 걸리거나 고통을 느끼게 되는 단계에서 하는 행동은 실험자가 미리 교

육과 훈련을 통해 알고 있어야 한다. 실험동물이 겪게 되는 고통
은 실험에 따라 다르다. 크게 고통 등급에 따라 A, B, C, D, E 로
나눌 수 있다.[13]

　　A등급 : 생물 개체를 이용하지 않거나, 세균, 원충 및 무척추
　　　　　동물을 사용하는 실험.
　　B등급 : 척추동물을 사용하지만 거의 고통을 주지 않는 실
　　　　　험.
　　C등급 : 척추동물에게 약간의 스트레스 혹은 단기간의 작은
　　　　　통증을 주는 실험.
　　D등급 : 척추동물을 대상으로 고통을 동반하는 실험으로,
　　　　　적절한 마취제나 진통제를 사용하여 통증 관리가 가
　　　　　능한 경우.
　　E등급 : 척추동물을 대상으로 고통이나 억압을 동반하는 실
　　　　　험으로, 마취제나 진통제를 사용하지 않는 경우.

'통증(pain)'이란 조직의 손상이나 손상을 줄 자극으로부터 기
인하는 복합적 체험을 뜻한다. 이러한 자극은 이를 회피하려는
행동을 유발한다. 이 통증 반응은 척추동물에게는 보편적이고,
최근에는 무척추동물에게까지 가능하다는 사실이 알려지고 있

13　위원회(IACUC)표준운영 가이드라인, 농림축산검역본부 식품의약품안전처, 2017.12, p.38-44

다. 동물 실험은 많은 과정에서 통증이 생길 것으로 예상되기 때문에 실험에 영향을 미치지 않는 선에서 진통제, 진정제 등을 적절하게 써야 한다.

통증 경감을 위한 마취제, 진통제, 진정제는 연구의 성격과 통증의 정도에 따라 다르고, 반응 역시 개체마다 다르기 때문에 수의학적 관리가 필요하다. 적합한 마취 방법을 선택할 때에는 마취의 목적(가벼운 진정인지 수술 같은 외과적 처치인지)에 따라 충분한 진통 작용이 유발되는지를 고려해야 하는데, 전신 마취할 때

'인도적 종료 시점(humane endpoint)' 이란?

대부분의 실험동물은 실험 목적상 동물의 재료를 얻기 위해서 안락사하게 된다. 굳이 안락사 이후 생체 재료가 필요 없는 경우에도 안락사하는 이유는 동물의 숫자가 너무 많아 사실상 모두 자연사할 때까지 사육할 수 없고, 감염이나 질병을 유발하는 실험이 많아 그 동물을 모두 치료할 수 없기 때문이기도 하다. 사육하는 동물 숫자가 많아지면 실험실 내 동물들 모두의 건강을 해칠 수 있다. 따라서 실험동물의 안락사는 필요악의 의미가 크다. 그런데 안락사는 실험의 종료와 동시에 이루어져야 할 뿐만 아니라 동물의 고통을 끝내는 데 의미가 있다. 그런데 동물의 고통이 지속되고 있을 때 더 이상의 고통을 방치하는 것은 옳지 않다는 판단을 하려면 기준이 필요하다. "현재 이 동물은 고통을 없애야 할 정도의 통증을 느끼고 있는가?"이다. 동물의 통증이나 고통을 끝내기 위해 조치를 취해야 하는 지점이다. 이것을 '인도적 종료 시점'이라고 한다.

는 의식 소실(narcosis), 근이완(relaxation), 진통(analgesia) 용량의 사용 범위에 관한 다양한 문헌을 참고하여 상황에 맞는 적절한 약물을 선택하게 된다.

극심한 통증을 예방하기 위해서는 우선 동물이 건강한 상태에서 어떤 행동을 하는지 충분한 사전 교육과 훈련이 필요하다. 동물을 관찰하기 어려운 상황도 발생할 수 있는데, 이를 방지하기 위한 대책도 미리 알고 있어야 한다. 동물은 낯선 사람이 들어올 때 몸을 숨기는 경향이 있기 때문에 실험자와 평소에 친숙하도록 하는 방법도 고려해야 한다. 관찰은 한 마리 한 마리 몸 전체를 살펴봐야 한다.

관찰은 얼마나 자주 해야 할까? 기본적으로 정상 동물은 하루에 1회 관찰하며, 실험을 하는 기간이나 부작용이 나타나게 되는 기간부터는 하루에 2~3회 관찰해야 한다. 통증이 증가하게 되면 관찰을 더 자주 해 주어야 한다. 일부 감염 실험 및 독성 평가의 경우, 매시간 관찰하는 등 더욱 자주 관찰하고 신경 써야 할 필요가 있다.

동물이 통증을 느끼는지를 제대로 보려면 무엇을 관찰해야 할까? 우선, 체중이 있다. 또한, 사료와 물을 제대로 먹고 있는지 변화를 관찰한다. 심박수나 호흡수를 보기도 하고, 행동과 외형의 변화를 관찰하는 것도 중요하다. 동물이 통증을 느끼기 시작하면 털 고르기(grooming)하는 습성이 사라지고, 장기간 휴식을 취하게 된다. 일반적으로 저체온증(hypothermia)이 오기도 한다.

최근에는 종양 실험이 증가하고 있는 추세다. 일반적인 종양 실험 시 종양의 무게가 체중의 5%를 초과해서는 안 되고, 효능 평가의 경우에만 체중의 10%까지 가능하다. 종료 시점은 종양이 정상 신체 기능을 방해하거나 종양 부위에 궤양이 생기거나 정상 동물의 체중과 비교하여 체중이 20% 감소하는 경우, 고통이 극심해졌다고 본다. 이런 경우 인도적으로 안락사해야 한다. 제대로 정상적인 생리학적 수치, 행동, 상태를 평가하기 위해서는 올바른 평가 지표에 관한 훈련이 필요하다.

○ 안락사

'안락사(euthanasia; good death)'는 대부분의 실험동물에게 운명적인 것이다. 최근에는 실험에 쓰인 동물 중 건강한 동물의 경우에 일반 시민들에게 분양하고 있는 기관도 있다. 그러나 모든 실험동물에게 새로운 가정을 찾아 줄 수 있을 정도의 수요는 불가능하다. 또한, 실험을 거친 동물이 건강하지 않은 상태에 있거나 회복되기 어려운 경우에 그 동물을 지속적으로 사육하기는 어렵다. 동물 숫자가 계속 늘어나게 되면 전염병이나 각종 질병에 걸릴 확률도 올라가기 때문이다. 결국, 대부분의 실험용 동물들은 안락사가 된다. 그러나 안락사는 단순하게 죽이는 행위 이상이다. 동물이 사망하는 순간까지 고통이 없어야 하고, 스트레스를 받지 않도록 최대한 노력해야 한다.

안락사는 크게 물리적 안락사와 화학적 안락사로 나눠 볼 수 있다. 물리적 안락사 중 가장 많이 쓰이는 방법은 경추탈골(cervical dislocation)이다. 그러나 이 방법을 사용하기 위해서는 주의할 점이 있다. 경추탈골은 훈련받은 숙련된 자에 의해서 수행되었을 때에만 인도적이며, 약물을 이용한 안락사 방법이 실험에 영향을 주기 때문에 사용하기 어려울 때에만 실시하는 것이 좋다. 사람의 손으로 수행하는 과정에서 실수할 수도 있기 때문이다. 따라서 안락사 방법으로 경추탈골을 선택하였다면 경추탈골을 수행하는 사람이 잘 훈련되어야 하고, 가능하면 CO_2(이산화탄소)에 의한 인도적 질식 후에 실시하는 것이 좋다. 또한, 작은 동물에 속하는 마우스와 미성숙 랫드(200g 이하)에서만 사용하는 것이 좋다. 경추탈골은 이를 시행할 때 다른 동물이 보지 못하고 냄새도 맡지 못하는 장소를 골라야 한다. 동료가 죽는 것을 보거나 알게 되면 동물들에게도 고통일 수 있다. 이는 동물보호법 상 학대 규정에 들어가기도 한다.

화학적 안락사 중 가장 많이 쓰이는 방법은 마취제를 사용하거나, CO_2(이산화탄소) 챔버(chamber)를 사용하는 것이다. 중요한 것은 볼륨을 한꺼번에 올리지 않는 것이다. 챔버의 볼륨은 1일분 당 20~25%에 이르도록 해야 한다. 40%에 이를 때 의식의 소실이 나타날 수 있다. 농도를 차츰 올리는 방식을 취하지 않으면 통증이 증가할 수 있다.

안락사는 동물의 생명을 중단시키는 것이기 때문에 실험자에게도 많은 부담을 주게 된다. 생명을 다루는 만큼 책임감을 가져야 한다. 안락사는 인도적인 방식으로 동물에게 최대한 고통을 주지 않는 방법을 선택해야 하고, 안락사를 수행하는 사람 역시 세심하게 배려해야 한다.

질환 모델의 발전

실험용으로 쓰는 동물은 유전적으로 비슷한 동물을 사용해야 실험의 결과를 객관적으로 검증할 수 있기 때문에 계획적인 번식을 시킬 필요가 있다. 대표적으로 근교계(inbred strain), 비근교계(outbred) 돌연변이계(mutant strain)가 있다. 근교계는 20세대 이상의 형매 교배(같은 배에서 나온 숫컷과 암컷을 교배하는 것을 의미, brother-sister mating)를 하여 유전적으로 균일성을 가지게 한다. 대표적으로 C57BL/6, BALB/c, C3H 등이 있다. BALB/c는 알비노 근교계 마우스의 일종으로 면역학적 연구와 암연구에 많이 사용된다.

비근교계는 ICR 마우스, SD 랫드 등이 있다. 근친계수를 최소화하고 유전적으로 이질성이 필요할 때 쓴다. 또한 성격이 온순하고 번식이 수월하여 실험에서 많은 동물의 수가 필요할 때 이용된다.

돌연변이계는 돌연변이로 변화한 유전자를 가진 계통이다. 누드 마우스가 대표적이다. 마우스의 경우 유전자 연구는 1900년도부터 시작되었고 유전자 지도가 완벽하게 해석된 것은 2003년 경이다.

현재 실험용으로 쓰이는 동물은 1000여 종의 분리된 근교계와 비근교계, 다양한 아계가 있다. 실험용 동물에게 붙이는 명칭은 국제적 명명법에 따른다. 예를 들어 C57BL/6J는 Cold Spring Harbor laboratory(C)에서 57번째 암컷으로부터 유래되었는데, 색깔은 검고(BL) 아계의 계대수 6번째 마우스에서 유래했다는 뜻이다. Jackson Lab(J)에서 유지된 아계에서 J가 붙었다.

의학연구의 목적은 환자를 치료하는 것이기 때문에 연구에 동물을 사용하기 위해서는 연구의 목적에 맞는 동물이 필요하다. 이것을 질병 모델이라고 한다. 특정 질병을 앓도록 만들어 내기 위해서는 수술을 하기도 하고 일부러 감염을 시키기도 하는데 약물을 투여하기도 한다. 최근에는 유전자를 조작하여 특별한 질환을 발현하는 동물을 만들어 내고 있다.

난소를 적출하여 특정 기능을 없앤 난소 적출 랫드는 대표적으로 외과적 수술을 통해 만든 동물이다. 실험동물 중 특이한 형질이 나타나면 특정 형질을 가진 동물을 선발하고 교배하여 동물을 만들어 내기도 한다. 털이 없는 누드 마우스가 대표적이다. 누드 마우스는 우연히 발견되었다. 일종의 돌연변이 종인데, 연구자들은 이 털이 없는 마우스가 일찍 죽는 점에 착안했다. 이 누드 마우스는 흉선이 없었는데, 즉 이것은 T세포를 만들어 낼 수 없다는 것을 의미했다. 면역계에는 자연 면역계와 획득 면역계가 있는

누드 마우스

데, 누드 마우스의 경우 자연 면역계만 있어서 감염증에 걸리기 쉬워 일찍 죽게 된다. 누드 마우스는 항체나 T세포가 중요하다는 점을 증명해 준 역할을 했다고 볼 수 있다. 누드 마우스에 사람의 암세포를 이식하여 암의 발생기전이나 항암 제의 효능 시험도 가능해졌고, 면역계의 현상을 쉽게 재현할 수 있어 면역학 연 구에도 널리 활용되고 있다.

생명 과학의 발전으로 유전자 변형 동물도 생산이 가능해졌다. 유용한 물질 을 생산하기 위해 특정 목적의 유전자를 이식하여 만든 동물을 형질전환 동물 이라고 하는데 기존의 생물체 속에 다른 생물체의 유전자를 끼워 넣어 원래 존 재하지 않던 새로운 성질을 갖도록 하는 방법이다. 이런 기술은 유전자 제거 도 가능하게 할 수 있다. 유전자 제거(gene knockout) 는 어떤 유기체의 유전 자가 작동하지 않도록 하는 것을 의미한다. 녹아웃은 상동 재조합(Homologous Recombination)을 통해 유전자가 결손된 줄기세포를 초기 배아에 삽입하는 방 법이다. 이런 방식으로 마우스에 만들면 이것을 키메라 마우스라고 한다. 키메 라는 그리스 신화에 나오는 괴물인데, 머리는 사자, 몸은 염소, 꼬리는 뱀으로 이루어져 있다. 키메라 동물은 서로 다른 두 종의 배아를 인위적으로 결합해 새 로운 개체를 만들거나, 아직 면역체계가 형성되지 않은 태아에 다른 종의 세포

유전자 변형 제브라피시

를 주입하여 서로 다 른 유전형질을 가진 세포로 구성된 동물 을 만들기도 한다. 유 전자 조작 기술은 필 요한 물질을 대량 생 산하고, 질병에 강하 거나 빨리 성장하는 동물도 생산할 수 있 게 했다.

상동 재조합이란?

상동 재조합은 긴 염기 서열 중에서 DNA 염기 서열이 절단되는 손상이 일어날 때 수선의 방법으로 이루어지는 현상을 의미한다. 상동 재조합은 상동성을 가지는 두 서열 사이의 상호 작용을 매개하는 효소를 필요로 한다. 상동 재조합은 유전자 교환 방식을 통해 새로운 DNA가 세포 내로 유입될 때 필요하다. 단, 염색체 DNA와 별도로 독자적으로 증식할 수 있는 플라스미드(plasmid)와 달리 염색체 내 삽입된 상태로 유지해야 할 때 사용된다. 오류 발생이 적어 세포에서 널리 사용된다.

최근에는 이종 장기 개발에도 쓰이고 있다. 이종 장기란 장기 이식을 기다리는 사람들을 위해 다른 동물의 장기를 이식할 수 있도록 하는 기술인데, 여기에는 치명적인 약점이 있다. 바로 면역 거부 반응이다. 동물의 장기를 이식하게 되면 동물에게 존재하는 항원에 관해 인간이 이미 가지고 있는 자연 항체(Xenoreactive natural antibody, XNR)가 반응함에 따라 조직 괴사가 일어난다. 그러나 최근 급성 면역 거부 반응을 일으키는 항원 단백질이 제거된 형질전환 돼지를 만드는데 성공했다. 물론 현재까지 이종 이식은 아직 해결되지 못한 난제가 있다. 병원체의 전이 문제이다. 이종 이식에 사용하는 돼지들은 특정 병원체가 없는 시설에서 번식되고 사육되고 있지만 돼지 게놈(genome)에 있는 돼지 내인성 레트로바이러스(porcine endogenous retrovirus, 게놈에 내재되어 있는 바이러스를 의미)는 완전히 제거되지 못했다. 그러나 과학자들은 성공적인 동물 실험을 통해 이후 장기가 필요하지만 이식을 기다리는 사람들에게 큰 희망이 되리라 전망하고 있다.

이와 같이 인간과 동물, 동물들 간에 세포나 유전자를 섞는 것은 의학과 생명 과학의 발전에 다양한 기여를 해왔다. 질병 모델 개발은 질병의 원인을 정확하게 타깃으로 하기 때문에 실험을 더욱 정확하게 할 수 있다는 장점이 있고, 현재도 다양한 질환 모델이 개발 중에 있다.

유전자 재조합 기술은 최근 더욱 효율적이고 비용까지 절감되는 방향으로 변하고 있다. 이제까지 유전자 조작은 사실 제한 효소를 이용하여 특정 구간을 편집한 후 ES Cell(embryonic stem cell, 배아 줄기세포: 포유류의 초기 배 내부 세포에서 얻어지는 세포주로 이후 조직이나 장기로 분화된다.)에 도입하여 타깃이 되는 클론(clone)을 선택해 마우스에 주입하게 되는데 이후에도 원하는 유전자가 자손 세대에까지 전달되는지를 확인하는 과정을 거친다. 그런데 이 과정은 유전자 조작 마우스 생산까지 2년에서 3년이 소요된다. 그러나 CRISPR/Cas9를 활용하면 유전자 변형 RNA를 수정란에 직접 넣고, 태어난 산자를 바로 유전형 분석(genotyping, 비슷한 시료의 유전자 염기 서열이 어떻게 다른가를 알아내는 방법이다.)하여 생산하는데 그 기간이 3달에서 5달이면 가능하게 된다. DNA 재조합에서 가장 중요한 것은 원하는 서열의 특정 부위에 작용하는 단백질을 찾는 것이 중요하다. CRISPR/Cas system은 박테리아의 면역 시스템으로 Cas9 단백질에 single-strand(이중 가닥으로 되어 있는 DNA 중 단일 가닥)의 RNA가 붙고 이 RNA의 sequence(염기 서열 해독)를 통해 원하는 DNA 부위를 인식하고 자를 수 있게 된다. CRISPR/Cas9 방식으로 KO, KI같은 동물 모델을 빠르고 값싸게 제작할 수 있게 되었을 뿐 아니라 초파리, 제브라피시, 생쥐, 그리고 원숭이 등 모든 종류의 생명체에 특정 유전자 변이가 가능하게 되었다.

질환 모델은 다양한 질환에 따른 효과적인 치료제 개발에 도움을 줄 뿐 아니라 산업 발전에도 도움을 줄 수 있다. 질환 모델 동물의 세계 시장 규모는 2016년 1조 2천억 원에서 2021년 1조 8천억 원까지 계속 증가 추세이다. 이미 영국은 의약품 개발 연구에 38% 정도를 질환 모델로 활용하고 있다. 그러나 그동안 우리나라는 상당기간 동안 대부분의 질환 모델을 수입에 의존해 왔고, 번식하여 실제 실험에 사용되기까지 평균 6개월 이상의 기간이 소요되어 연구에 많은 시간과 비용이 들어갔다. 이런 이유 때문에 식품의약품안전처는 1998년부터 개발을 시작하여 신경계(치매 14종, 파킨슨 등 6종), 암 12종, 면역계 10종, 대사계 12종, 순환계 8종, 호흡기계 2종, 피부 3종, 기타 8종으로 총 75종을 자체적으로 보유하고 있다.

이 작업은 식품의약품안전처 식품의약품안전평가원과 질환동물모델개발사업
단(CMHD)에 의해 2014년에서 2018년까지 집중적으로 이루어졌고, 사업단은
질환별로 Notch1 KI 등 타깃 유전자를 분석하여 총 53개의 동물 모델을 별도
로 개발하였다.

한 가지 예를 들어 보자. Leptin KO-B6라고 명명되는 질환 모델은 유전자 이
름이 Leptin(Lep)이고 Background가 되는 strain은 C57BL/6J가 된다. 이 모
델 마우스의 명명법은 C57BL/6J-Lepem1Hwl/Korl이고, 유전자 변형 형태
는 녹아웃(Knock out) 이며 CRISPR/Cas9-mediated NHEJ를 사용하였다. 이
모델 마우스는 신진대사(metabolism), 비만(obesity), 당뇨(diabetes)에 쓰인다.
이 모델은 연세대학교 이한웅 교수팀이 제작하였고 가천대학교 차지영 교수가
분석하였으며 식품의약품안전평가원에서 분양하고 있다. 이런 동물 모델을 국
내에서 개발하면 수입에 들어가는 비용과 시간 등을 모두 절약할 수 있다.[14]

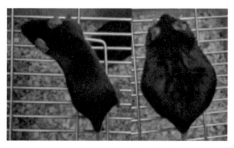

당뇨 질환 모델 쥐. ⓒ식품의약품안전처

---

14 〈미래 맞춤형 모델동물개발 연구사업단, 2014~2018년 연구성과집〉, CMHD 사무국,
    2018.

전 세계 실험동물 인프라 연황

○ 미국 : 미국의 잭슨 연구소는 대표적으로 실험동물 분야에서 주도적인 역할
을 수행하고 있는 기관으로 자체 개발한 유전자 변형 마우스 등을 수집, 보존,
공유하고 있다. 잭슨 연구소는 1929년에 설립되어 연구자에게 적절한 마우
스 품종을 추천해 주거나 가치가 높은 마우스 품종을 보존하기 위한 배아, 정
자의 냉동 보존 서비스도 제공하고 있고 연구자가 보유한 품종을 기증받아
보존한 후 공유하기도 한다. 잭슨 연구소의 마우스는 미생물학적 제어가 매
우 잘 되어 있어 품질이 우수하며, 전 세계적으로 많은 연구자가 이용하고 있
다. 미국국립보건원(NIH, National Institutes of Health)의 국립연구자원센터
(NCRR, National Center for Research Resources)는 돌연변이 마우스 자원 및
연구센터(MMRRC, Mutant Mouse Regional Resource Centers)라는 센터를 운
영하고 있는데, 여기에서는 유전자 변형 마우스를 공급하고 있다.

○ 유럽 : 유럽은 유럽 마우스 돌연변이 보관소(EMMA, European Mouse Mutant
Archive)라는 비영리 목적의 프로그램을 운영하고 있는데 영국, 프랑스 등 유
럽 6개국에서 7개의 연구소가 가입되어 있고 돌연변이 마우스 품종을 보존
하며 공급하는 역할을 하고 있다. EU는 총 8개 국가가 이러한 영장류 연구 시
설을 보유하고 있다.

○ 아시아 : 일본은 2002년부터 국가생물자원프로젝트(NBRP, National
BioResource Project)가 시행되고 있으며, 실험동물 자원별 NBRP센터를 지
정·운영하고 있다. NBRP는 실험동물 등 생명 연구 자원 중 국가에서 전략적
으로 관리할 중요 자원들에 관해 수집·보존·제공 체계를 구축·운영하는 역할
을 한다. 중국은 마우스 질환 모델을 개발하기 위해 2001년 중국 정부에서
공인하는 마우스 국가자원센터(NRCMM, National Resource Center of Mutant
Mice)/난징대학 모델동물연구센터(MARC NJU, Model Animal Research
Center of Nanjing University)를 설립했다. 현재 3,500개의 마우스 계통을 보

유하고 있으며, IMPC에 참여하고 있다. IMPC란 국제마우스표현형분석컨소시움을 의미하는데, 유전자 기능 해석의 핵심 기술인 유전자 변형 마우스(GEM, Genetic Engineered Mouse) 표현형 분석의 국제 공조를 위하여 수립되었다. 이 프로젝트는 인간 유전자 22,000개가 변형된 GEM 자원의 표현형 분석 정보 해석을 통해 인체 유전자 기능 해독을 목표로 하고 있고 11개 국가, 19개 기관이 참여하고 있다. 한국도 인체 유전자 기능을 생체 수준에서 규명하기 위하여 유전자변형마우스(GEM)의 생물학적 특성을 분석하는 마우스 표현형분석기술과 국내 마우스 자원의 효율적인 활용과 마우스 정보를 국내 연구자에게 제공하는 것을 목표로 2013년 11월 과학기술정보통신부 바이오·의료기술개발사업의 일환으로 (재)국가마우스표현형분석사업단(단장 서울대 성제경 교수)이 시작하였다.[15]

○ 영장류 실험 인프라
 - 미국의 7개 국립영장류센터는 센터 당 평균 2천 마리 이상의 영장류 자원을 보존하고 있으며, 그 외에도 10여개 이상의 영장류 번식군을 추가 보유하고 있다.
 - 유럽 연합 중에는 8개 국가에서 영장류 연구 시설이 있다.
 - 교토대학의 영장류연구소(Primate Research Institute)는 일본원숭이(Japanese Macaques)를 보유하고 있으며, 주로 인지과학 등 영장류 연구 전반에 관한 연구를 수행 중이다. 쯔쿠바 영장류 센터는 생명 과학 연구를 주로 수행하고 있다. 두 센터 모두 천 마리 이상의 영장류를 보유하고 있다.
 - 원난의 영장류 생물의학중점연구소(Yunnan Key Laboratory of Primate Biomedical Research)는 중국 정부에서 전략적으로 육성하고 있는 최고의 영장류 연구 시설이다. 이 연구 시설은 2011년에 설립되었다.

---

15 〈실험동물 공유 활용 동향〉, 김종란, 김한해, 한국과학기술기획평가원, 2019. p.14~18

꼭꼭 짚어 생각 정리하기

1. 전 세계적으로 논쟁이 되었던 유명한 복지 위반 사례들을 알아봅시다.

- 폭스바겐의 원숭이 흡입 실험
- 일본의 유기 동물 실험 이용 사건
- 군대 내 생화학 전쟁 대비 실험
- 중국 의과대학의 동물 대상 반복적 수술
- 돼지 수장 실험 중 마취제 미사용 문제

2. 동물 실험은 오랜 역사를 가지고 전 세계적으로 이루어지면서 기술적으로 발전해 왔습니다. 동물에 관한 지식이 짧고 과학이 발전하지 않았던 시대에 있었던 많은 오류를 극복하고, 현재는 전 세계적으로 권위 있는 실험실은 표준적인 시스템을 갖추고 있습니다. 어떤 시스템을 갖추어야 하는지 알아봅시다.

실험실에서 사용하는 동물은 전문적인 실험동물 생산 기관에서 구입해야 합니다. 생산된 동물이 도착하면 자체적인 검수와 검역, 순화 과정을 거치며 정기적으로 미생물 모니터링을 하게 됩니다. 실험용 동물들은 온도와 습도를 적절하게 맞춰 주어야 하고, 환기도 정기적으로 이루어져야 합니다. 어떤 동물들은 소음이나 진동에 약하기 때문에 세심한 배려가 필요합니다. 따라서 전문적인 실험실 환경 관리가 필요합니다.

올바른 동물 실험계획을 세우는 것 역시 중요합니다. 되도록 대체법을 사용해야 하고, 많은 문헌검색을 통해 이미 진행된 실험을 중복하지 않게 해야 합니다. 철저한 계획을 통해 최소한의 동물을 사용해야 하고 통증과 스트레스를 받지 않도록 배려해야 하며 통증 경감을 위해 노력해야 합니다.

인간과 동물의 올바른 공존을 위하여

　동물 실험은 고대로부터 지속적으로 이루어졌다. 동물뿐 아니라 인간 의학과 생명, 자연에 관한 인간의 열정적인 탐구는 놀랍도록 인간 사회를 변화시켰다. 문명사회를 만들고 이후 산업사회로의 발전은 인간을 더욱 풍요로운 사회로 진입하게 만들었다. 현대 의학의 발전으로 이미 인간의 기대 수명은 점점 늘어나고 있다. 그러나 인류 문명의 발전 과정에서 인간이 아닌 다른 종에 관한 관심도 늘어났다. 인간이 도덕적 배려의 대상으로 생각하는 종이 늘어남에 따라 인간의 건강을 위해 희생되는 동물에 관한 관심도 폭발적으로 늘어났다. COVID-19의 확산으로 인간과 동물, 환경의 관계(원헬스, One Health) 재정립이 필요하다는 여론도 생겼다. 사스, 신종 플루, 메르스 등 21세기 들어 폭증한 감염병의 원인이 모두 야생 동물로부터 왔고, 인간이 야생동물의 영역을 과도하게 침입하면서 생긴 일이라는 반성이 일고 있다.

　문제의 원인이 인간에서 왔다 해도 결국 이 문제를 해결하는 것은 인간이다. 과학의 발전은 감염병의 확산을 막고 인간의 삶을 더욱 풍요롭게 만들 것이다. 향후 팬데믹 극복을 위한 백신과 치료제 개발이 더욱 활발하게 이루어질 것이 예상된다. 우리는 향후 미래를 준비해야 한다.

결국 아직 상당수 의학과 과학 연구에 동물이 쓰이고 있는 이상, 우리는 동물이 고통스럽지 않게 해야 할 의무가 생겼다. 동물의 생리와 행동, 생태에 관한 연구 역시 발전하면서 통증과 공포 스트레스를 느끼는 범위가 척추동물을 넘어 두족류 같은 동물로까지 확대되고 있다. 실제로 실험에 참여하는 사람들이 겪는 심리적인 부담감 역시 중요한 문제이다. 실험에 동물을 이용하더라도 통증과 스트레스를 줄이기 위한 방법 역시 발전하고 있다. 과학 윤리의 발전이다. 이러한 과학 윤리는 단순히 인간의 책임감 때문이기도 하지만 동시에 실험동물의 고통을 최소화하는 것이 결국 올바른 과학적 결과로 이어질 수 있다는 확신 때문이기도 하다. 건강하지 않은 동물을 실험에 사용하는 것은 올바른 데이터 확보를 할 수 없고 장기적으로 과학 발전에도 저해 요인이 된다.

생명 과학과 의생명 연구자가 되고 싶은 미래의 학생들은 과학 연구를 통해 인류의 발전에 공을 세울 수 있는 중요한 재원이다. 3R은 이미 국제적으로 인정받는 원칙이 되었다. 3R의 실현

은 끝이 없다. 지금도 많은 연구자들은 자신의 실험실에서 3R의
원칙을 지키고자 노력하고 있다. 우리 인간 역시 긴 진화의 역사
에서 동물과 해부 생리학적 특징 중 일부를 공유한 채로 진화
되어 왔다. 진화의 핵심은 우리 인간도 동물이며, 인간이 고통과
통증, 스트레스를 받는 생명체인만큼 동물도 생명체라는 사실이
다. 우리 인간의 삶이 풍요롭게 살고 있는 것에는 동물의 도움이
있었던 만큼 우리에게 도움을 준 동물들에게도 감사한 마음을
갖는 것은 중요하다. 미래에 과학자를 꿈꾸는 청소년들에게 이
작은 책이 많은 도움이 되기를 바란다.